働き方を変えて、
学び方を変える

横浜創英中学・高等学校校長
本間朋弘 著

学校改革

時事通信社

はじめに

先日、横浜創英高等学校に内部進学する中学生の保護者の方々を対象に、２０２５年度からスタートする新しい教育課程の説明会を開きました。私は、この説明会をとても大切に考えていたのです。本校の教育課程完成の節目になることに加えて、学校として生徒の未来に希望を与え、その希望を追い続けるためにどのような資質・能力を育てなければならないのか、その道筋を実践していくためのスタートラインとして考えていたからです。

説明会後、保護者の方々から届いたメッセージの一つを紹介したいと思います。

「変えない方が楽で無難っていう志向になりがちな学校環境の中で、前を向いて歩いていこうとされる先生方に心から感謝をしております。先日の保護者会で感じたことは、子どもの未来に向けたプロセスを丁寧にしっかりと説明されていることです。新しい教育をなぜやらなければならないのか、そのためにどんなカリキュラムが必要で、さらに次に向けてどんな準備をしているのか。カリキュラムを変えることの理念と具体をしっかりと伝えていただきました。何年間も、難解なパズルに取り組まれ、その解を示してくださったこと、本当にありがとうございます。私たち親子は、今からただひたすら楽しみです」

人工知能や先端技術の高度化によって、現在の学校教育は未来社会において役立たなくなるのではないかという議論があります。でも、学校こそが新しい社会的価値を創造できる場所であり、学校がその役割を果たすことでしか未来社会の基盤は構築できないと思うのです。

未来が閉塞的だと考えているのは意外と大人だけであって、子どもはそんなことを考えていないかもしれません。未来がどんな場所であろうと、未来に向けてワクワクしているのが本来の子どもの姿です。そうした子どもの未来に向けた道標を示すために、学校が取り得る選択肢は、どんな時でも次の二つしかありません。

「とりあえず前に一歩踏み出してみるか」
「その場所にとどまり続けるのか」

これからの学校は社会で活躍するための準備の場所に変わっていかなくてはなりません。社会で必要とされる経験の場をどれだけカリキュラムに落とし込めるか。そのことが今、学校に求められているのです。

人生の長さを考えれば、学校で学ぶ期間は2割程度の時間でしかありません。残りは学校の外にある社会で過ごすことになります。そう考えれば、学校の最も大切な役割は、子どもたちが社会で生き抜くための力をどう育てるかにあると思うのです。とりあえず前に一歩踏み出して、子どもと社会をつなげるために必要なことを考えてみませんか。

学校改革は、もちろん楽なことばかりではありません。でも新しい変化をつくるためにガンガン前に進んでいるうちに、後ろを振り向くことすら、いつの間にか忘れている。本気で前に進んでいる時って、そんな感覚です。学校力というのは学校を設計する力であり、教師力というのは学校を設計することを楽しむ力でもあります。子どもたちの未来のために、保護者も含めた大人たちが一緒になって学校をデザインできたらいいなあと思うのです。学校の世界って意外と規制が少ないものです。学習指導要領をどうするか程度のことであって、弾力的に自由にやれる余地はたくさんあるはずです。

教師という職業に就いて、早いもので40年以上の月日が過ぎました。20歳の頃、実家を出た私は「食べていくため」という安易な理由で、自分のアパートに中学生を集めて学習塾を開きました。塾生の中に、根拠のない理由で理不尽な差別を受けている子どもがいました。その子どもがこう言ったのです。「先生は、戦争はいけない、差別はいけない、人権を否定してはいけないって、偉そうに言うけれど、現に差別を受けている私が目の前にいる。私に何ができるのか、言葉ではなく行動で示してくれ」。来る日も来る日も責められました。時には口論になったこともありました。最後は私が折れたのです。「じゃあ、どうしたらいいのか教えてくれ」。その子どもは私を突き放すかのようにこう言いました。「先生、それは自分で考えるべきだ」。その時、私は「考えよう」と思ったのです。そのことが、40年前に私が高校の社会科の教師になった理由です。

それから29年県立高校に勤め、今から12年前に私学である横浜創英中学・高等学校に指導教諭として移りました。転職してからの私の仕事は、主に進学体制の構築と授業力の向上にありましたが、4年前から、教師が幸せになることを目指した働き方改革と、子どもの学びの転換を目指したカリキュラム改革に取り組み始め、今、その改革はゴールに近づきつつあります。

学校が未来に向けて子どもと社会をつなげる場所になってほしい。そして、教師の仕事も未来に向けて希望に満ちあふれたものに変わってほしい。本書では、そんな想いで取り組んできた横浜創英中学・高等学校における改革を紹介しながら、学校における学び方改革と働き方改革の実践に向けた土台について述べています。読者の皆さんが関係する、それぞれの学校教育の現場がより良いものに変革していくために、本書がその足掛かりになってくれることを願いながら、0章へと歩みを進めたいと思います。

目次

0章

「学び方を変える」ために「働き方を変える」

未来を担う子どものために、学校は変わっていかなくてはいけません。学校改革は「学び方改革」と「働き方改革」の両輪が基本。どちらが欠けても改革は成立しません。

1　教師の働き方を変える意味

働くことは人生の一部にすぎない

私は、あらゆる学校改革は、教師の働き方改革とセットでなければ成立しないと思っています。学校で働く教師にゆとりがあるからこそ、組織の仕組みを再検証し、学校改革に着手することができるのです。多くの学校で教師の多忙が解消されないのは、人のせいではありません。学校が組織として抱える仕事量が多過ぎることに起因しています。

仕事の中身を吟味することで、大胆にやめることを実現し、そして減らすことを可能にする。つまり、意義のあるものだけを残して「質」を上げていく究極の合理化。そういった精査なしに学校改革を声高に掲げても、それは机上の空論で終わってしまいます。教師にゆとりがなければ、改革が円滑に進むことはないのです。

多くの教師は、働きがいをつくることは上手ですが、仕事以外の生きがいをつくるのは少し不得手です。働くことのやりがいと、ゆとりから生まれる人生の豊かさ、この二つが同居する労働環境をつくっていこうとする意識が教師には求められています。

私が仕事に忙殺されていた県立高校在職時代の30代から40代の頃を振り返ると、自分を

「学校」という小さな世界にしか置いていなかったように思います。それは、家族と過ごす時間や学校以外の人とつき合う余力もなく、ましてや読みたい本に触れるつかの間の休息すらない、目の前にいる生徒と横にいる教師とつながっているだけの世界でした。

生徒たちには昔の私のように閉じた社会に収まってほしくありません。社会的な課題を分析して、達成可能な未来図を描きながら、課題を解決するための仮説を立て、実行して検証していく力をつけてほしい。そして何より、社会と向き合い、関わることを楽しむ人であってほしいのです。

社会と向き合い、関わる力を身につけるためには、当然ながら学校の外に出て行かなくてはなりません。高校生といわず、中学生の段階から社会にどんどん出て行ってほしいのです。そして、そうした生徒たちと対面する教師こそ、学校の外に出て社会とのつながりをもつべきではないでしょうか。そうしなければ、社会の変化に立ち向かう生徒たちに何も語れなくなってしまいます。

私は、働き方改革の前提は、教師自身が学校以外の場所で社会とのつながりをもつことだと思っています。「ワークライフバランス」という考え方は、仕事と人生の調和をとり、その両方を充実させることと定義されています。しかし、仕事と生活を切り離すことが根底にあるため、結果として仕事に偏ることが多く、生活の充実を得られない課題が残っています。一方、最近使われるようになってきた「ワークインライフ」は、人生の中に仕事があるという考え方であり、自分の人生の充実を最優先に置いています。自分らしい生き方が前提にあり、仕事はその一部にしかすぎないのです。

特急電車から降りて各駅停車に乗り換えませんか

教師という仕事は、とても崇高なものです。生徒たちに教える過程で教師自身も多くのことを学び、生徒たちと共に成長しながら、その営みが社会への貢献につながっていく。だからこそ、多くの教師がやりがいをもって仕事に取り組んでいます。

ところが最近、教師不足の記事が新聞をにぎわせ、小学校教員採用試験の倍率は1倍台、あるいは定員割れの自治体もあると聞きます。その主な原因とされるのが、「ブラック職場」と揶揄される長時間労働です。給特法(注1)による定額の残業システムは、公立学校に勤める教師の時間外労働に対する意識を弱め、労働時間を自ら管理する意識を欠落させました。勤務時間や休憩時間だけでなく、労働基準法上の法定労働時間が週40時間であることや、時間外労働の上限が原則「1か月45時間、1年360時間(注2)」であることを意識して仕事をする人も、他業種に比べ少ないように感じます。

そもそも、学校は時間の管理がしっかり行われている空間です。朝のホームルームから最後の授業までの時間がきちんと設定され、教師も生徒もその時間通りに動いています。「もう少しいい加減でもいいのに」と思ってしまうほど、皆が時間を意識しています。

しかし、それは授業が終わるまでのことです。放課後になると、教師の時間に対する意識は希薄になり、「今日できることは明日に延ばさない」という意識の下、特急電車のように働き続けます。「明日できることは今日はやめておく」と考え直す余裕もなく「生徒のために」という理想を追って時間外労働を続け、結果として特急電車は17時になっても終着駅に着きません。そして19時、さらには20時になっても走り続けるのです。

教師は生徒の前に立って引っ張る存在ではありません。教師が生徒の前に立って主導すると、生徒の姿や考えが見えなくなります。生徒の後ろに立って一人ひとりの姿や考えを見ながら、生徒の背中を少し押すだけです。疲れている生徒がいれば、走るのをやめて一緒に休む。そして、疲れが癒えたら一緒に歩き出せばいいのです。働き方も同じです。そろそろ特急電車から降りて各駅停車に乗り換えませんか。各駅停車であれば、窓の外の景色をゆったり眺めることができるし、疲れたらとりあえず降りて次の電車を待つことができます。

いつまでも特急電車のように走り続けることはできません。言うまでもなく、1日の時間は有限です。だとしたら、教師が費やしている時間、力を入れる優先順位を再考する必要があります。時間を意識した働き方をしていかないと、いずれ教師という仕事に誰も希望をもてなくなってしまいます。それは、ここ数年の教員志望者数の急減からも明らかです。列車に乗り込むどころか、若者は駅にすら近づかなくなる。

教師の長時間労働という課題は長く野放しにされ、見てみないフリをされ続けてきました。教師の心身の健康問題が社会問題としてクローズアップされるようになると、学生たちは教職に魅力を感じなくなり、学校から離れていきました。今こそ、教師のやりがいと生きがいを両立させる働き方改革が必要なのです。

2　学び方を変える意味

学校を社会で活躍する準備の場所に変えたい

私は横浜創英中学・高等学校に来る前、29年間県立高校に在職し、最後の9年間は学力向上進学重点校で進学体制の構築に励んできました。本校へも、当初は「進学実績を上げる」ことを役割として移り、進学体制を構築し、教師の授業に対する意識を高めるなど、一定の成果を残したつもりです。希望する大学に合格することは生徒たちにとって一つの夢の実現であり、それを支える責任を学校は負っています。そこの手を抜くことはできません。しかし、次第に自分が励んできたことに違和感を覚えるようになりました。原因をたどっていくと、私の中で生徒たちと社会がつながっていないことに気づきました。生徒たちを大学に入れたら終わりで、自分が教えた生徒たちが大学進学後、どんな人生を歩んでいるのか、社会で活躍しているのか、そのことにほとんど関心をもってこなかった。反省せざるを得ませんでした。

「はじめに」でも言いましたが、これからの学校は、社会で活躍するための準備の場所に変わっていかなくてはなりません。社会で必要な経験の場を学校がどれだけ提供できるか、それをカリキュラムに焦点化できるか。それが、これからの学校の大きな役割です。

社会で働く大人の多くは、すでに気づき始めています。今の画一的な学校教育では、社会に出た後、急激に変化していくこれからの時代に通用しないことを。よりリアルで実践的な学びで子どもと社会をつながなければ、子どもたちが未来図を描くことは難しいということを。

そんな気づきと不安に反して、日本のほとんどの学校の動きは緩やかです。社会がこれだけ流動的になっているのに、学校の変化の流れは緩やかで遅い。教師もどこかで変化を躊躇しているように見えます。

昭和や平成の初めであれば、受験勉強だけを頑張って一流大学に入り、定年まで一流企業で働く選択が合理的だったでしょう。しかし、近い将来、今ある企業の多くは形を変えていくかもしれないし、なくなってしまうかもしれない。人口が多い時代であれば、儲かっている企業の真似をしていればよかった。でも、「のれん分け」という言葉は死語になってしまいました。今の時代は真似事ではなく、誰もやっていないことを考え、実行する力がないと生き抜くことができません。

自分の強みを活かして起業すること、自分に見合ったステージを求めて転職を繰り返すこと、海外に市場を求めることが当たり前になる時代がもうそこまで来ています。そんな社会を生き抜くために、子ども自身が自分の強みがどこにあるのかを発見できるカリキュラムを構築する。それこそがこれからの学校には求められるのです。

大学受験が大きく変わろうとしている

子どもたちの価値をペーパーテストの点数や偏差値で決める日本型の受験制度も、今後は大きく変化していくはずです。文部科学省の「令和5年度国公私立大学・短期大学入学者選抜実施状況の概要」を見ると、総合型選抜や学校推薦型選抜といった「年内入試」で大学に入学した学生は、2023年度の入学者選抜では半数を超えています。

中央教育審議会大学分科会「高等教育の在り方に関する特別部会」は２０２４年11月に取りまとめた「進学率・進学者数推計結果について」において、２０４０年の大学進学者数について、２０２４年の約61万人から17万人程度減少して、44万人程度になると試算しました。17万人という数字は、５００人定員の私立大学３４０校分です。この試算通りになれば、多くの私立大学が姿を消すことになります。大学が学生を確保するために、入試を前倒しし、入試形態も推薦入試に大きくシフトしていくことは、容易に予想できることです。

大人は皆わかっています。社会に出れば、その人の社会的価値が必ずしも偏差値と一致しないことを。親は今、我が子の未来のために、大学受験の先まで見据えた学校の教育像を求めています。子どもたちが生きる２０４０年、２０５０年がどういう社会になっているのか、その社会を生き抜くために必要な力を学校は本当に育ててくれるのか。不安の中で学校教育を注視しています。

本校の説明会に参加された保護者の方のアンケート回答の１通を紹介します。

「これからの変化していく社会に向かう我が子が、今までの学校の教育のままで社会に通用するのだろうか、未来で幸せになってくれているだろうか。現状の学校教育に任せていいのだろうかと日々思考する中、本日お話をお伺いし、親子共々ぜひこの学校で学びたい、子どもの未知の可能性を広げてほしいという思いが強くなりました」

学校は、学び方の転換を図る時期に来ています。自己決定する主体的な学び、学んだことを社会で活用できる学び、他者とのつながりを大切にした対話的な学び、自分の人生の将来を予測する見通しをもった学び。これからの学校は、そうした学びへの転換を考えていかなくてはなりません。

学校が変われば社会も変わる

子どもたちの20年後、30年後が幸せであってほしい。そのためには、どうしても学校を社会とつなげていく必要があります。そもそも学校教育の目的は、社会を担っていく人材の育成にあったはずです。しかし、いつの間にか学校は自らを閉ざし、自らの枠の中だけで完結することを考えるようになってしまいました。かつての私のように、18歳時点の学力をゴールに設定して、その先の教育を考えることから目を背けているようにも感じます。

私の周囲には、私など到底及ばない優れた教師がたくさんいます。優れた教師ほど、生徒たちをいかに学校の外に出すかを考え、中学生・高校生の段階からいかに社会貢献の場をつくるかを考えています。私が生きた時代と、今の子どもたちが生きている時代とでは、求められている能力は明らかに違います。正解のない時代だからこそ、「自分は何が強みなのか」「自分は何ができるのか」「自分は何を実践したいのか」「自分は社会にどのような貢献をしたいのか」といった問いかけに対し、自分の言葉で明確に考えを述べ、実践できる子どもを育てることが求められているのです。

子どもたち一人ひとりに、自分以外に誰もできないことを発見し、その域にたどり着いてほしい。たとえ関係性が薄い人であっても目標を共にしている人がいるなら、その人とつながる力、さらに同じ目標の下に人と人とをつなげていく力をもってほしい。教育の現場はそうした力を築くための場所でもあります。

もしかすると、私たち大人の側が、自分の親しんできた教育や学校に対する価値観を一度捨てなくてはならないのかもしれません。親が子の可能性を信じ続けるように、教育は学校が生徒の可能性を信じることから始まります。可能性とは、背伸びと同じだと思うのです。遠い先にある夢とは違って、可能性は手が届きそうな何かを追い求めることです。

大人は時折「どうせ無理だよ」と言って、子どもの可能性を摘んでしまうことがあります。大人は、子どもの今ある能力だけで「できる、できない」を判断しますが、子どもは今を必死にもがいています。自分が変わることができる背伸びの先を探し、何かに挑もうとする、その姿勢が本来の子どもの姿だと思うのです。

自分の価値観を子どもに押しつけることを、親はそろそろやめる時なのかもしれません。受験勉強を頑張って偏差値の高い学校に入って、定年まで一つの場所で勤め上げるという、親の時代のロールモデルはすでに大きく揺らいでいます。これからの人口急減期を迎える日本社会で、「幸福の定跡」と呼べるようなキャリアのルートを描くことはもうできません。

学校も然りです。若者の国や社会に対する課題意識の希薄さが問題視されていますが、私は今の若者には十分な可能性があると信じています。社会課題を解決し、達成可能な未来図を描きながら、新しい価値を創出する力をもっています。もし問題があるとすれば、それは若者にではなく、社会で必要な経験の場をカリキュラムに落とし込むことができない学校にあると思うのです。

「国や社会に対する課題意識をしっかりともっている」。そう胸を張って若者に言える大人はどれほどいるでしょうか。変わらなければならないのは若者ではなく大人なのかもしれません。新しい価値を創出して生きようとしている若者を受け止められる社会を、大人は本気で築いていかなくてはなりません。

「社会が変わらなければ学校は変わらない」と言いますが本当でしょうか。「学校が変われば社会も変わる」と信じてもいいのではないでしょうか。一人の力で大きな変化を生むことは難しいですが、一人ひとりの小さな変容が小さな変化を生み、その蓄積が大きな変化を生んでいきます。学校は生徒を信じたらいい。一人ひとりの小さな変化が必ず社会を変える大きな変化を生むことを信じたらいいと思うのです。

社会とつながる学びの場をもつことで、自分の可能性を探すことができます。新しい可能性を発見することによって自己が変化し、そのことが多様な個性を尊重する根となっていく。そうした土壌がこれからの学校には求められています。

「できない」ことを一人で嘆くのではなく、「できる」ことを周囲と一緒に信じ続けたとき、子どもは自分の可能性を開花させます。可能性が見つかって前に進んでいると、その可能性が自分にとって必然に変わることがある。今こそ、学校は子どもにとってそういう変化を生む場所に変わる必要があるのです。

注1：給特法＝1971年に制定された「公立の義務教育諸学校等の教育職員の給与等に関する特別措置法」の略称。公立学校の教師は「給特法」の対象とされ、原則として残業命令は「生徒実習・学校行事・職員会議・非常災害等」の臨時・緊急時の4項目に限られると定められている。そのため、公立学校の教師に残業代が支払われることはなく、代替として基本給4％の「教職調整額」が支払われている。なお、2024年、中央教育審議会特別部会は、「教職調整額」を基本給10％以上に引き上げるよう提言。文部科学省は給特法改正案を2025年の通常国会に提出することを検討している。

注2：1か月45時間、1年360時間＝2019年に施行された働き方改革関連法による労働基準法第36条の改正により、時間外労働は原則として、1か月45時間、1年360時間の限度時間を超えてはならないと定められた。これに伴い2019年に「公立学校の教師の勤務時間の上限に関するガイドライン」が策定され、公立学校教師の時間外労働の目安を、1か月45時間、1年間360時間以内とすることと示された。

第1章

働き方を変える

教師が余裕のない働き方をしていては、生徒たちの「学び方」を考える時間が確保できません。教師の働き方に「余白」をつくるための実践事例をご紹介します。

1　教師の働き方を改善するために

教師は勇気をもって生徒を手離そう

文部科学省が実施し、過日公表された公立学校教員の「教員勤務実態調査（令和4年度）[注1]」によると、月の時間外労働の上限45時間を中学校で約77％、小学校で約64％の教師がオーバーしていたことが明らかになりました。文部科学省は働き方改革や教師の待遇改善をさらに推進するようですが、それを待つことなく、教師一人ひとりが足元を見つめ直す必要があります。

学校改革を進める上で、教育現場をより良くするための要素は三つあると考えています。

1　すべての生徒が生き生き充実して過ごすことができ、未来につながる学びができていること

2　すべての保護者が毎日安心して子どもを学校に送り出すことができ、親の目から見ても子どもの未来がおぼろげでも見えていること

3　すべての教師が日々の仕事に高い意欲とやりがいをもって取り組むことができ、自分

たちの営みが社会とつながっていることが明確であること。そしてゆとりの中で教師も人生の豊かさを得ることができること

教師は、どうしても1と2に重きを置きがちです。でも、3があってこそ、前の二つが可能になってくるものではないでしょうか。

「生徒のため」と言っている限り、教師の長時間労働がなくなることはありません。教師の仕事は、生徒の未来に向けた道標を築くことにあって、生徒の未来にいつまでも寄り添うことはできません。どこかで手離さなくてはならないのです。関係が続く家族を愛する以上に、生徒を愛することなどありません。教師は早く家に帰ってまずは家族を愛するべきです。もし、「家族よりも生徒の方が大事だ」と言う人がいるのなら、それは自分の人生を、生徒に依存し過ぎていることにならないでしょうか。家族を愛する人だからこそ、生徒を愛する教師になり得ると思うのです。

生徒をどこかで手離さなくてはならないのに、教師は生徒に寄り添い過ぎているのではないかと思えてなりません。寄り添い過ぎるあまり、結果として生徒の未来を生きる力を奪ってはいないでしょうか。

学ぶことの最も大切な意義とは、「人生を積み重ねる中で自分の社会的価値を知り、社

会のために自分の価値を磨き上げ、使い切ること」に尽きるのではないかと思うのです。大人が手をかけ過ぎた子どもは、なかなか自律しません。子どもが自らの社会的価値を発見し、それを社会のために使い切る力を育てていくために、教師は勇気をもってどこかで生徒たちから手を離すべきだと思うのです。

「他者のために尽くす人生こそ、価値のある人生」などとは私には到底言えませんが、社会や他者のために「迷い、もがく」力をつけながら、人生を重ねていく。その土台を育てることが、これからの学校の役割になるのではないかと思えてなりません。

手離した先に、生徒たちの自律と教師自身が新たな社会とのつながりを生む時間が生まれるのです。

働き方改革は学校改革のための手段と理解する

横浜創英中学・高等学校における働き方改革を進めるに当たり、私は6000字に及ぶ「働き方改革プラン」をまとめ、冒頭の「目的」の最後の段にこう記しました。

「業務体制、勤務時間や職場環境、そして学校が本来果たすべき役割を総点検し、前例や慣習を臆することなく打破し、教職員が働きがいと生きがいの両方をもって職務に取り組むことができるよう、労働環境を抜本的に改革することを目的とする」

この段には強い想いがありました。それは「学校が組織として抱える業務を本気で減らすことで適正な労働時間を構築する」という決意です。「残業はやめよう」「早く帰ろう」と声高に叫んだところで、組織が、そして管理職が本気で業務を減らそうとしなければ、うまくいくはずがありません。

改革とは、従来の前例や慣習を捨て、まっさらの状態から新しい価値を生み出すことです。この一文は、「これから実現しようとすることは、軌道修正や改善ではなく改革である」という決意表明でもあったのです。

本校の「働き方改革プラン」では、次のような四つの重点戦略と14の具体的な項目を立てており、その多くがすでに達成されています。

戦略①　学校業務の適正化

1　ICTを活用した業務改善

学籍・出欠・成績・時数についてはシステムで一元管理し、指導要録や調査書などの帳票出力に還元する。教職員間の連絡・報告はグループウェアを活用し、定期試験の採点はデジタル採点ソフトを活用する。

2　電話以外の家庭との連絡ツールの設定

保護者との出欠連絡や情報交換、面談等の日程調整や学校からのお知らせなどはシステムを活用し、保護者はスマートフォンからでも情報を簡単に入手できるようにする。

3　勤務時間外の留守番電話の設定

勤務時間を意識した働き方改革を進めるため、17時に留守番電話を設定することとし、その取り組みの趣旨を保護者や学校関係機関に周知して理解と協力を求める。

4　部活動の時間削減と休養日の徹底

本校部活動ガイドラインに基づき、生徒と教職員の健康管理や学校外の時間の充実を守るため、部活動休養日の遵守を徹底する。

【中学校】原則として週当たり2日以上の休養日を設定する。平日は少なくとも1日、土曜日及び日曜日は少なくとも1日以上を休養日とする。

【高等学校】原則として週当たり1日以上の休養日を設定する。

戦略②　業務体制の再編

5　中学校学年担任制の導入

中学校で学年担任制を導入し、学年全体で各クラスを運営することで、生徒の成長をチームとして見守り、課題を学年全体で解決する体制を整える。

6　分掌や委員会組織の再編

分掌と委員会組織の整理と統合を図りながら、組織的で効率的な学校運営が行われるように校内組織の見直しを行う。一部の教師に業務が集中し、教師の長時間労働が常態化しないように、業務の偏りを平準化できる組織を構築する。

7　会議の精査と精選

職員会議運営ルールを策定し、職員会議の質の向上と効率性を高め、学校運営を支える会議としての充実を図る。組織を再編することで、会議を可能な限り少なくし、会議全体のスリム化を徹底する。

8　全員出勤日を週2日とした際の業務再編

全員出勤日が週2日に移行することを踏まえ、会議日や生徒行事を全員出勤日に設定するように年間計画を策定する。

戦略③　働きやすい環境の整備

9　家庭と仕事の両立支援

子育てや介護等を抱える世代の増加を見込み、家庭と仕事の両立支援に向けて、本校の法人事務局の支援も受けながら検討を開始する。

10 副業の容認

厚生労働省が示した働き方改革の提言に沿って、法人事務局の承認を得た上で、勤務時間外の副業を認める。副業は本業に還元されるべき業態に限り、高度な知識・技術や人脈を獲得して、教師としてのキャリアアップにつなげる。

11 職員室レイアウトの改善

物の整理やペーパーパーレス化などによって、ゆとりのある職員室空間をつくり、個人の作業・収納スペースを確保するほか、書類や資料を共有できる仕組みをつくる。会議スペースの見直しを進め、共有スペースを活用した情報共有やコミュニケーションの活性化を図る。

12 勤怠システムの導入

勤怠システムを導入することで、管理職が勤務時間を管理する責務を明確にする。教師個々も勤務時間を自ら把握し、働き方を可視化することで、長時間労働にならないようにコントロールしていく。

戦略④　勤務時間の適正化

13　完全週休2日制を整えるためのシフト制導入

労働基準法に沿って、労働時間の上限を1週40時間以内とし、完全週休2日制に円滑に移行するため、全員が平日に1日所定休日(注2)を確保できるシフト制を導入する。

14　1日当たりの労働時間の適正化

労働基準法に沿って、労働時間の上限を1日8時間以内とし、心身ともに健康な状態で教育活動に専念できるよう、定時で退勤する教職員の割合を増加させる。労働基準法第36条の改正にともない、時間外労働の上限規制が強化されたことを踏まえ、1か月45時間、1年360時間の限度時間を超えない働き方を徹底する。

働き方改革は時間外労働を減らすこと自体が目的ではありません。理想とする「学校像」実現に向けた学校改革を進めるためには、「教師の時間的余剰」を生むための働き方改革が不可欠なのです。

つまり、働き方改革は学校改革のための手段であり、目的ではないということです。目的を明確にすることなく求める手段は、必ず空文化します。新しい学校像の構築という真の目的に着手するためには、手段としての働き方改革に一定のめどをつけることが欠かせないのです。

2　教師の働き方に余白をつくるシステム

完全週休2日制の実現

働き方改革を進める上で、現状の課題を洗いざらい出していく作業を行うことはとても大切です。「課題」と「問題」は違いますから、課題があることを否定的に捉える必要はありません。現状を分析するからこそ課題が見つかり、課題が発見できてこそ解決に向けたスタートを切ることができます。現状の課題を皆で共有することで、改革に向けた第一歩を踏み出すことができるのです。

本校の働き方改革における最大の課題は、「教師の完全週休2日制が確立されていない」ということでした。労働時間を法定労働時間の上限、週40時間以内にとどめるには、どうしたらいいか。私学の特色をより打ち出すためには、授業時数を確保することは不可欠で、土曜日の半日の授業をやめることはできません。しかし、土曜日の勤務が半日である限り、完全週休2日制を確立することはできません。

この矛盾した課題をどう解決するか。大胆な改革案を打ち立てました。

改革案　生徒の授業は半日のままとするが、教師の勤務時間を変更し、土曜日も他の平日と同様に1日勤務の扱いとする

法人事務局の支えもあり、体系化された本校の勤務形態は以下のようなものになります。

●土曜日も含む平日の労働時間は8時15分~16時30分までの7時間30分

●勤務体系は4シフト制にする

・全員出勤日は火曜日と金曜日の週2回

・個人の希望によって、週1回の所定休日を指定

⇓シフト1：月曜日と日曜日休み

シフト2：水曜日と日曜日休み

シフト3：木曜日と日曜日休み

シフト4：土曜日と日曜日休み

週末に部活動がある教師は月曜日を所定休日とするため、休養をとらずに月曜日に勤務する長時間労働を解消。すべての教師が週休2日を取得する体制をつくることができました。

このようなシフト制を導入すると、曜日によっては4分の1の教師が不在になるため、当初は不安の声がありました。しかし、限られた人数で仕事を回すためには、自分たちでさまざまな工夫をしていくしかありません。

本校では、朝のＳＨＲ（ショートホームルーム）は年間を通して曜日ごとに担当の教師を決めています。そのため、学級担任制である高等学校でも担任以外の教師との関係が築かれ、学年全体で生徒を見守る風土ができています。また、課題が生じたとしても、「出勤している教師だけで解決する」としているため、緊急事態が起こっても所定休日の教師に連絡を入れることはほぼありません。どうしても必要な場合でも、直接電話をすることはなく、グループウェアでやりとりをします。学年ごとにまとまっている教師の席の横には、それぞれ大きなホワイトボードが備えられ、毎日の報告事項はそれを見れば把握できるようになっており、教師同士の横の連携を図っています。

教師同士の連携がスムーズになると、教師が個で動く場面が減り、組織全体で対応していく一体感が出てきます。自分の周囲で課題が生じたときには、仮に自分が忙しくても手を差し伸べる。そんな雰囲気が職員室を包んでいるのです。必要なときには周囲からの支援が受けられるという信頼感が仕事の不安を解消し、自分も他者を支えようという意識を強くしているように感じます。

シフト制の導入により時間割の複雑化も懸念されましたが、シフトの希望を出す前に教科ごとに調整をすることで、教科内で休む曜日が分かれるように工夫しています。学年ごとでも、学年に所属する全教師がＳＨＲに出られるよう、バランスを考えて所定休日を調整してもらっています。

また、会議は原則として全員出勤日に設定するため、自ずと会議の回数も減りました。さらに、次に説明する「職員会議運営ルール」の策定と合わせて実行することで、会議時間も大幅に削減されました。「会議を減らすと意見表明の場も少なくなるのでは？」と懸念されることがありますが、一体感が生まれた組織では課題の共有が容易です。意見を述べやすい雰囲気の中で、活性化したコミュニケーションが生まれていきます。全員出勤日の火曜日と金曜日には、職員室で車座になって頻繁に「現場ミーティング」が行われています。

職員会議運営ルールの策定

会議の回数と時間の長さは、教師の労働環境を悪化させる大きな課題の一つです。多くの学校で、定例の職員会議が1時間を超えることが当たり前で、勤務時間内に終わらないことも常態化しています。

そうした状態を抜本的に改革するためには、会議運営ルールを策定し、職員会議の抜本的な改革に着手するしかありません。職員全体で運営方法を考え、質の向上と効率性を高めることが必要になります。

本校における職員会議運営ルールには次のようなものがあります。

ルール① 会議時間を事前に設定する

会議は、当初から時間帯を設定しておくことが大切です。職員会議であれば、校務運営委員会が議題を整理する段階で、会議時間のめどがつくはずです。職員会議の前に、例えば「今月の職員会議は15時40分開始、16時終了」とアナウンスすれば、出席者は20分に凝縮された内容だという意識をもって会議に参加します。

時間が設定されず、いつ終わるかわからない会議だからこそ、開始時間になっても全員がそろわないということが起こるのではないでしょうか。終了の時間が前もってわかっていれば、会議開始の3分前には全員が着席して待機している土壌が自然に生まれると思います。

ルール② 議題を〈伝達・報告事項〉と〈共有・合意事項〉に分ける

本校では、職員会議の議題を〈伝達・報告事項〉と〈共有・合意事項〉に分けています。〈伝達・報告事項〉は資料の提示だけにとどめ、資料の読み上げも行いません。その代わり、読めばわかるように各々が資料の精度を上げる工夫をすることとしています。議論を行うのは〈共有・合意事項〉だけです。

共有事項：各分掌からの原案を尊重し、それがそのまま決定事項となる。ただし、全体で共有する必要があるもの

合意事項：各分掌が提案する原案について一定の議論が必要なもの。合意が得られた上で分掌の原案を決定事項とする

合意事項の原案は、従来にはない新たな提案、あるいは変更を加えた提案です。当然対立が生じます。それでいいのです。対話を通して他者との共通の目的を見つけ出すことで、対立やジレンマは解決されます。

会議で大切なことは一つだけです。皆で意思決定し、意思決定したことを皆で実行する。

多少自分の考え方とは異なることがあっても、皆で意思決定したことは協働して取り組む。そうした会議をつくっていくべきであり、対立が残ったままでは目的の共有と合意はできないのです。

ルール③　〈共有・合意事項〉の議題は前もって周知する

職員会議では本質的な議論が行われなくてはなりません。そのためには、共有事項と合意事項の議題を前もって出席者に周知しておく必要があります。

また、提案者は分掌の合意形成を得た上で、しっかりした骨子の原案を提示しなくてはなりません。「二つ案があるのですが皆さんで考えてください」「原案がまとまらなかったので皆さんの意見を聞きたい」といった状態では議題になり得ません。結論を他者に委ねる会議は結論を曖昧にし、無為に時間が過ぎていきます。骨太な原案を提案することは、効率的で迅速な会議運営の前提です。そして出席者は、会議の前に必ず資料に目を通して、会議内容を把握した上で会議に臨み、修正案や対案がある場合は、論拠をもって説明できる下地をつくっておくことが必須です。

出席者も賛成、反対の判断をする際には、必ずロジックが必要であり、何となく判断するものではありません。出席者それぞれ自分自身がどういった考えに基づいて賛成あるい

職員会議運営ルール	2021.4.22
会議運営のルール	1 伝達・報告事項はデータとしての資料提供のみで口頭の説明はしない(資料の読み上げもしない)。
	2 全体で共有・合意する必要がある提案のみ、意見交換をして大枠の合意形成を行う。
	3 司会進行は、効率的に会議を運営するために、伝達・報告事項と共有・合意事項を整理し、職員会議前日までに進行表と資料を提示する。会議当日の書記は、共有・合意事項に関することのみを記録する。
	4 ペーパーレスで会議を行うことを原則とし、参加者は会議にパソコンを持参する。
	5 提案が持ち越されて会議回数が増えないように、原則、1回の職員会議で大枠の合意形成をする。
	6 会議終了時刻を原則、開始から30分以内とし、その時間に終えることを習慣化する。
	7 全体で共有・合意する必要がある提案がない月の職員会議は開催しない。
提案者のルール	1 資料を事前に作成し、職員会議直近の校務運営会議開催日の16時までにグーグルの共有ボックスにあげる。
	2 伝達・報告事項の資料は、出席者が読むだけで理解できるように、内容を明確にした資料を作成する。
	3 共有・合意事項の資料は、ポイントを明確にした資料を作成し、会議では口頭で説明する。説明者はホール前方に座り、前で説明を行い、必要に応じてパワポやホワイトボードを活用する。資料については、出席者が要点に集中できるように、協議したい箇所を太字や下線部で表示する。
	4 会議を円滑に進行するために、分掌の合意形成を得た上での骨子のしっかりした原案を提示する。
出席者のルール	1 職員会議までに必ず資料に目を通し、会議内容を把握して会議に臨む。
	2 全体で共有・合意する必要がある提案については、考えをまとめてから会議に臨み、必要に応じて論拠のある対案を提示する。

横浜創英中学・高等学校「職員会議運営ルール」

は反対をするのか、あらかじめ論理を固める姿勢が求められます。

職員会議運営ルールを策定し会議改革を実行して以後、現在まで本校の職員会議が15分を超えたことはほぼありません。また、議題に「共有・合意事項」がなければ職員会議を開きませんので、会議の開催も大幅に減りました。

職員会議は感覚的にものを言う場ではなく、創造的な教育活動の結論を出す場です。ましてや、資料の読み上げをしてわかり切っている情報を共有する場でもありません。多くの教師が考えることをせずに、その場にいるだけ、そんな職員会議は不要です。

職員会議に限らず、あらゆる会議を同じように運営すれば、年間で相当の会議時間が削減できます。そもそも定例の会議を週1回置く必要が本当にあるでしょうか。会議を定例で設定するから、非効率で無駄な会議が生まれます。定例の会議は、議題を整理すれば、月1回で十分です。会議の時間が減れば、当然、会議に費やしていた時間を別の仕事に振り替えることができます。教師の時間のゆとりを生むことにつながります。

時間外労働の削減

働き方の最大の課題は、言うまでもなく時間外労働の削減です。今日も日本中の学校で、多くの教師が残業をしているはずです。早くに退勤する雰囲気を浸透させるためには、次の三つのことが不可欠です。これはどの学校でもすぐにできることです。

①　教師が法令遵守の姿勢をもつ

働き方改革関連法により、労働基準法第36条が大幅に改正され、時間外労働は原則として1か月45時間、1年360時間の限度時間を超えてはならないと定められました。また新設された条項では、実際に行った休日労働と時間外労働の合計は、1か月100時間未満、かつ2か月~6か月平均がすべて80時間に収まっていなければならないとし、違反した場合には罰則規定が設けられています。上限規定をもっと下げる必要があるとはいえ、長時間労働に対する強い姿勢が示されたものと言えるでしょう。

私学の教師は労働基準法の適用を受けますので、この法改正に対する管理職の意識は特に高いものがあります。つまり、労働基準法が定める時間外労働の上限時間、月45時間を超える働き方はさせられない。月の平均労働日数を21日として、1日2時間の時間外労働を続ければ、月45時間の時間外労働に近づきます。つまり、勤務時間の終わりから2時間後には帰ろうという全体の雰囲気をつくる必要がありました。

本校でも当初は、退勤時間最終目安の18時30分に帰ることに多くの教師がなじめずにいました。そこで私は、何回か職員室で「蛍の光」を流したことがあります。あのメロディーは人間の帰巣本能をくすぐるのか、不思議なほど効果的で、皆が一斉に帰り支度を始めたものです。今や18時30分まで残って仕事をしている教師はわずかで、時間外労働が月45時間を超えた人は今まで誰もいません。

公立学校の場合、教師の時間外労働については、それぞれの現場の対応次第という感が否めず、自治体によっても取り組みに差異があります。しかし、すでに文部科学省は時間外労働の上限を「月45時間、年360時間以内」とするガイドラインを示し、それは2019年の改正給特法によって「公立学校の教育職員の業務量の適切な管理その他教育職員の服務を監督する教育委員会が教育職員の健康及び福祉の確保を図るために講ずべき措置に関する指針」に格上げされています。

② 勤怠システムの導入

管理職の背後にあるホワイトボードに「年休誰々」と書き出されることに嫌な感じをもつのは、教師の読者の方ならおわかりと思います。勤怠システムを導入すれば、そうしたホワイトボードは不要になります。教師が個々にICカードをもち、出勤時間と退勤時間に打刻し、各自で勤務時間を把握できるようにします。労働時間の「見える化」です。年休や出張もシステムに入力しておけば、学年や分掌でも情報共有できます。

さらに、所定休日に出勤した場合、必ず代休を取得できるシステムをつくることも必要です。本校の場合、所定休日が木曜日のシフトにもかかわらず、学校行事が木曜日にあって出勤となった場合、必ず代休を取得できるようにしています。

勤怠システムを導入すれば、代休日数などが常に明記されるので、忘れずに消化することができます。万一、本人が忘れていても、管理職が消化を促すことができます。

仕事をする時間は、一定の制限があるとはいえ、自分自身で決めるべきことです。1日の時間を把握できるようになれば、時間の余白を有効に活用できるようになります。有限である時間のバランスを考え、仕事に軽重の度合いをつけながら働くためにも、システムの導入による時間の「見える化」は不可欠です。

③　組織のスリム化

労働時間をどうやって抑えるか、それは現場の対応に委ねられているかもしれません。現場でやれることはたくさんあります。組織のスリム化はその一つです。組織改善のポイントは三つしかありません。

（1）学校の教育目標と一致していない活動はないか

（2）目標がすでに見失われているのに型だけが残っている活動はないか
（3）一定の意味はあるかもしれないがあまりに非効率で無駄な活動はないか
これらを吟味して、大胆にやめる、減らす。その一方で意義のあるものの質を上げることで、組織のスリム化は実現します。

本校ではわずか2か月で分掌を再編し、2022年度には分掌数を6分掌（教務部・入試広報部・生活指導部・特活指導部・進路指導部・教育開発部）から5分掌（教務部・入試広報部・生徒支援部・キャリア支援部・総務部）に減じました。2024年度からは学校運営を生徒主体に移譲するという最上位目標に沿って「生徒支援部」を「生徒自治支援部」に改称し、教育相談体制のさらなる充実を図って「生徒支援協議会」を分掌として位置づけました。17あった委員会やグループの大半も廃止し、必要なものだけ分掌の業務に吸収させています。

時間外労働を削減し、早くに退勤しようとする雰囲気ができてくると、教師の不平や不満が極端に減っていきます。子育てや介護といったさまざまな事情で遅れて出勤する、早めに帰宅する、休みをとる、ということが自然に受け入れられるようにもなります。「自分が休むときには周りが支えてくれるのだから、自分も周りを支えよう」という意識が醸成されていくのです。

また、定時の16時30分に退勤できる風土は、教師の夕方以降の時間の使い方を大きく変えます。ジムや英会話教室といった習い事、家族との時間、子育てや介護の支援が可能になります。教師の始業時間は早いのですから、明るいうちに学校の外に出る。そのことが、休日だけでなく平日の生活にもゆとりを生み、社会とつながる機会を増やすことにもなります。

3　働き方が変わると職場が進化する

時間的ゆとりが職場を穏やかにする

教師は、自分の強みを活かせる場所を見つけ、そこにとことんこだわるべきだと思います。授業のスキルが高い人、生徒とのコミュニケーション能力に秀でた人、トラブル対応がとてもうまい人、部活動に生きがいをもっている人、情報システムをつくらせたら誰もかなわない人……。それぞれの秀でたことをそれぞれが認め合う職場であってほしいし、すべてのことを完璧にやることを求めない職場であってほしいと願うのです。心に余裕ができると、自分の強みを磨く時間が生まれ、生き生きと仕事をすることができます。
働き方改革が始まって、ゆとりが生じた私自身には、こんな変化が起きました。

・できない理由や口実を探さず、難しくてもできるようにする理由を考えるようになった。
・組織を変えようとするときに、意味のない争いをしなくなった。「自分のビジョンがしっかりしていれば争いは起きるはずがない」と考え、筋道を見通した戦略を描くようになった。
・変化を楽しむようになった。学校力というのは学校の変化を構想する力であり、教師力というのは学校の変化の構想を楽しむ力である。それらを楽しむことができるようになった。
・「仕事をしていれば理不尽なことは必ず起きる」と考えるようになった。理不尽なことが起きると想定することで不思議と心に余裕が生まれ、人に優しくできるようになった。
・そして何よりも、家族と健康を大切にするようになった。

学校は多様な人たちが寄り添う組織ですから、理不尽なことは当然のように起きます。「理不尽なことはあってはならない」と言う人ほど、感情的になって人を責めます。失敗をしたり、少し気が緩んだり、時には相手に強い言葉を言ってしまったり……。そうした理不尽は起きるのが当たり前であって、お互いさまなのです。そんな弱さを互いに認め合い、補っていこうという雰囲気は、職場をとても穏やかにしてくれます。

働き方改革を進めるためには、教師一人ひとりが、時間は大切な資源であるという意識をもつことがとても大切です。

今までの学校には、定時までに終わらない仕事があっても、学校に遅くまで残ってやればいいという雰囲気がありました。しかし、勤務時間を意識し、「16時30分に帰ろう」「もち帰りの仕事はやめよう」と考える風土が生まれれば、どう効率的に働くか、どう連携をとるか、その知恵を個々が絞り出していくようになります。

そうして働き方改革が進んでいくと、教師一人ひとりが自分の時間を上手にコントロールできるようになっていきます。よく「教師は時間が足りない」といわれますが、本当に時間が必要なら、時間をつくる工夫をすればいいだけのことです。

本校では先にご紹介した通り、全員出勤日である火曜日と金曜日以外は、全体の4分の1の教師が休みとなるシフト制を導入しています。自分の生活・時間を大切にするために、他者を日常的にカバーしながら仕事をしているのです。カバーし合うことで横の関係性が強くなり、結果として仕事の質そのものを上げることにつながっています。

改革は60点を目標にスタートすればいい

教師の心理的安全性が保たれている状態をどうつくっていくか。ハーバード・ビジネススクール教授のエイミー・C・エドモンドソンは、「心理的安全性」について、「仕事に関するアイデアや懸念、疑問、失敗を誰もが安心して言える状態のこと」と定義しています。多忙を極める教師にとって、同僚性や協働性を大事にすることは、職員室内での心理的安全性を高める上で重要なことです。職員室の心理的安全性が高まれば、仕事に対する積極性がより強まり、組織に対する愛着も深まります。

教師一人ひとり、仕事内容はそれぞれ違います。多様性を互いに尊重する雰囲気が創造的な価値をつくり上げます。目的を失った仕事、効率性の悪い仕事をやめることで、最上位目標に沿った新しい教育活動をどんどんつくり上げていくことが可能になるはずです。

心理的安全性が保たれていると、理想を語りやすくなります。希望や未来を語る時、人は心が弾むものです。この高揚感は、過去の踏襲にこだわっていると味わえません。職場が変わるということは、教師一人ひとりが理想を語りだすということです。

改革には常に不安がつきまといます。最初から100点満点を求めてスタートすると、失敗するたびに減点されるので、組織はつらくなります。改革の最初は、60点くらいを目標にするのがちょうどいいと思います。半分を少し超えたくらいを及第点として、その地点を見据えておけば、どんな職場でも無理せず始められるはずです。

あとは、やり遂げる覚悟をもつだけです。スタートを切ったら、みんなで少しずつ加点していく。１００点満点までたどり着かなくてもいい。みんなで頂上を目指して一緒に歩く積み重ねが、職場の心理的安全性をさらに高めていくのです。

まずは時間に対する意識改革から

各地で講演をしていると、先生方の嘆きを聞くことが多くあります。

「理に合わないことを押しつけられ心の痛みがそろそろ限界にきている」

「終わりなき長時間労働をしていることさえ意識しなくなった自分がいる」

「膨大な事務仕事で授業の準備や生徒と接する時間をもてない」

「部活動の分担が機能せずに休日に家族と接する時間すら失われている」

中央教育審議会が２０１９年1月に出した「新しい時代の教育に向けた持続可能な学校指導・運営体制の構築のための学校における働き方改革に関する総合的な方策について（答申）」で示した業務の分類（p50図参照）にある、「基本的には学校以外が担うべき業

基本的には学校以外が担うべき業務	学校の業務だが、必ずしも教師が担う必要のない業務	教師の業務だが、負担軽減が可能な業務
①登下校に関する対応 ②放課後から夜間などにおける見回り、児童生徒が補導された時の対応 ③学校徴収金の徴収・管理 ④地域ボランティアとの連絡調整 ※その業務の内容に応じて、地方公共団体や教育委員会、保護者、地域学校協働活動推進員や地域ボランティア等が担うべき。	⑤調査・統計等への回答等 （事務職員等） ⑥児童生徒の休み時間における対応 （輪番、地域ボランティア等） ⑦校内清掃 （輪番、地域ボランティア等） ⑧部活動 （部活動指導員等） ※部活動の設置・運営は法令上の義務ではないが,ほとんどの中学・高校で設置。多くの教師が顧問を担わざるを得ない実態。	⑨給食時の対応 （学級担任と栄養教諭等との連携等） ⑩授業準備 （補助的業務へのサポートスタッフの参画等） ⑪学習評価や成績処理 （補助的業務へのサポートスタッフの参画等） ⑫学校行事の準備・運営 （事務職員等との連携、一部外部委託等） ⑬進路指導 （事務職員や外部人材との連携・協力等） ⑭支援が必要な児童生徒・家庭への対応 （専門スタッフとの連携・協力等）

業務の３分類
（中央教育審議会「新しい時代の教育に向けた持続可能な学校指導・運営体制の構築のための学校における働き方改革に関する総合的な方策について（答申）」より）

務」と「学校の業務だが、必ずしも教師が担う必要のない業務」については、やめられることは本気でやめてしまいましょう。

学校にあるたくさんの委員会やグループは本当に必要でしょうか。1年間に1度も会議を開かないのにメンバーだけは決める。会議は開くがメンバーの誰一人として意義を感じていない。そんな委員会やグループは必要ないでしょう。そういうものを残しておくのは時間の無駄です。やめてしまっていいものです。もし、必要ならば分掌の業務に組み込めばいいのです。

まずは働き方を見つめ直し、時間に対する意識を変えていきませんか。働き方改革の第一歩は、そこにあると考えています。

【時間への意識を変える取り組み例】

●会議時間は30分以内

学校におけるあらゆる会議の時間を30分以内と決めてしまいませんか。会議運営者が議題を整理し、伝達報告事項を資料提示のみにとどめ、主要な課題だけ前もって周知しておけば最短で解決策まで行きつきます。これを徹底するためには、会議運営のルールを策定することが前提です。ルールをつくらないと、時間に対する意識はすぐに薄くなってしまいます。もちろん会議を勤務時間内に終えることは大前提です。

●会議の開催は最低限に

「2　教師の働き方に余白をつくるシステム」でご紹介しましたが、定例会議の開催は最低限にして、形式的な会議の時間をつくるのをやめませんか。校務運営会議や学年主任会議、分掌会議・学年会議を毎週やる必要があるでしょうか。というより、毎週定期的に集まって何をそんなに話しますか。1か月に1回開けば十分だし、話し合う必要が生じたら集まればいいだけです。これを徹底するためには、組織改革が必要です。仕事をスリム化し、委員会やグループも法的な設置義務のあるものを除いて全部やめてしまえばいいと思うのです。やめても何ら不都合は生じません。改革が必要なときにプロジェクトチームを立ち上げればいいだけです。

●紙文化をなくす

ペーパーにまとめる無駄な時間をなくしませんか。会議録、研修や出張の報告書、起案書などを丁寧にまとめても、その後誰も目を通すことがない。そんな文書作成に時間を費やすことをやめませんか。会議ではホワイトボードを使って議論をすることも多いと思いますが、カメラで写して保存しておけば記録の代わりになります。これを徹底するためには、紙文化をなくし、資料をパソコン端末で見る形に変更することや、文書を求め過ぎる管理職の意識改革も必要です。

●勤怠システムの導入

こちらも「2　教師の働き方に余白をつくるシステム」でご紹介しましたが、勤怠システムを導入して時間を「見える化」しませんか。教師が個々にＩＣカードをもち、出勤時間と退勤時間を打刻すれば、各自で勤務時間を把握することができます。システムによってそれぞれが勤務時間を把握できるため、働き方を可視化でき、長時間労働にならないようにコントロールできます。

学校を含めどんな職場にも「気に入らない」ことは少なからずあります。感覚的ではなく、論拠をもっても「気に入らない」ならば、それはやはりおかしいのです。おかしいことがあれば変えるべきです。組織や他人がなかなか変わらないならば、まず「自分自身を変える」ための一歩を踏み出してみることです。

学校における働き方改革は、教師一人ひとりが元気になるための道標です。分かつべきことは、みんなで分かち合った方がいい。一人ひとりの変えようとする勇気と、システムをつくり上げようとする組織の力があれば、知恵はどんどん湧き上がってくるはずです。私立には私立、公立には公立の働き方があるし、それぞれにできないこともあります。長時間労働という課題を解決する糸口はそれぞれ違うかもしれません。それでも、学校の持続可能な未来をつくるため、日本中すべての教師が改革に向けた一歩を踏み出していくことを願ってやみません。

注1：「教員勤務実態調査（令和4年度）」＝2022年に実施され、小学校1，200校、中学校1，200校、高校300校が対象。総在校等時間が週50時間を超過している割合は、小学校が64・5％、中学校が77・1％に上り、これを月換算すると、ガイドラインで定められた時間外勤務の上限「月45時間」を超えると想定されるラインとなる。また、「過労死ライン」（時間外月80時間）を超えると想定される総在校等時間が週60時間以上となる割合も、小学校では14・2％、中学校では36・6％に上った。

注2：所定休日＝使用者側が法定休日以外に労働者に与える休日のことで、週休2日制を規定するために、法定休日（法律で定められている休日のこと）以外に休日として採用されることが多い。

第2章

学び方を変える

未来を担う子どもたちに求められる資質・能力は何か。それらを育むために、学校での「学び」はどんな形になるべきか。学び方改革の実践事例をご紹介します。

1　学びを生徒主体に移譲する

すべての生徒を取り残さない学びへの転換

今から50年前、私が幼少の頃、多くの大人は子どもに同じことを言っていました。「早くしなさい」「良い子にしなさい」。そして「ただひたすら覚えなさい」と。私は小学生時代の学びの過程で「考えなさい」と言われた経験がほとんどありません。つるかめ算や追い越し算を無批判に解いていました。学びは社会の具体に埋め込まれてこそ意味をもつはずなのに、具体からかけ離れた学びに多くの時間を割いていたように思います。

現在の学校教育は、高度経済成長期の工業化社会を基盤に構築されたものです。そこで重んじられたのは、子どもの「標準化」であり「規範化」だったのではないでしょうか。大量生産を支えるために、規範意識をもった標準的な子どもをつくることが学校の大きな役割でした。その役割を果たすには一斉授業が効率的と考えられ、教師が教える内容も「指導書」なるものでコピーされてきました。大人が「早くしなさい」「良い子にしなさい」「ただひたすら覚えなさい」と言うのは、産業界がそういう人材を求めていたからです。

当時の産業界には「もっと安くつくりましょう」「もっと早くつくりましょう」「もっと

大量につくりましょう」という誰もが認める万人の正解がありました。しかし、今は成長期が終わり、成熟した社会です。正解はなく、価値観も多様です。そうした社会で求められるのは、たった一つの正解を探し出す力ではなく、自分の知識や経験や技能を総動員して、新しい価値やイノベーションを創出していく能力です。

工業化社会における労働は、統制化された組織の下で標準化され、対価も労働時間の量をベースとしてきました。しかし、現在は労働の質が重んじられ、多様な資質や能力をもった人材が経済を支えるようになっています。学校の役割は、個の資質・能力を伸ばし、それを社会とつなげることに変わらなくてはなりません。

工業化社会とは異なる思考や発想が求められているのに、旧来の教育構造にこだわる大人がまだいます。社会が急速に変化して現在の教育システムを追い越しているのに、学校だけが旧態依然のままで、相変わらず子どもを学校の中に閉じ込めているのです。

これからの変革の時代を生き抜くためには、自分の周囲にある課題を解決する方策を自ら考え、課題解決に主体的に取り組みながら、新しい価値を社会で創造していく能力が必要とされます。それは言い換えれば、「自分の頭で考え抜いて、自分の強みで社会に踏み出す力」でもあります。その能力を育てるために、これまでの学び方を変えていくことが求められているのです。画一的な学びから脱却して個を軸とした学びへ変わらなくてはなりません。また、実社会とつながる実学を重んじ、課題解決力をつけるための探究型の学びへの転換も必要です。

内閣府が設置した「総合科学技術・イノベーション会議　教育・人材育成ワーキンググループ」は、２０２２年に「Society 5.0の実現に向けた教育・人材育成に関する政策パッケージ[注1]」を発表しました。「Society 5.0」を未来社会（超スマート社会）として位置づけ、教育政策として「子供の特性を重視した学びの『時間』と『空間』の多様化」などの方向性を打ち出し、次のように提起しています。

「すべての子供たちの可能性を最大限引き出すことを目指し、子供の認知の特性を踏まえ、『個別最適な学び』と『協働的な学び』の一体的な充実を図り、『そろえる』教育から『伸ばす』教育へ転換し、子供一人ひとりの多様な幸せ（well-being）を実現するとともに、一つの学校がすべての分野・機能を担う構造から、協働する体制を構築し、デジタル技術も最大限活用しながら、社会や民間の専門性やリソースを活用する組織（教育ＤＸ）への転換を目指す。これを実現するためには、皆同じことを一斉にやり、皆と同じことができることを評価してきたこれまでの教育に対する社会全体の価値観を変えていくことも必要となる」

さらに、「学校で」「教師が」「同時に」「同一学年の児童生徒に」「同じ速度で」「同じ内容を」教えるという現行の基本的な枠組みでは、多様な子どもたちに応じた学びを充実させることはできないとして、平成29・30年版学習指導要領より、資質・能力を重視した教育課程への転換を目指し、子どもの特性を重視した学びの多様化として、次のような視点を示しました。

「主体」:「教師による一斉授業」から、子どもの理解度や認知の特性に応じて自分のペースで学ぶ「子ども主体の学び」に転換する

「学校種学年」:「同一学年」で構成された学びから、学年・学校種を超える学びや学年を遡って学ぶなど「学年に関係ない」学びに転換する

「空間」:「同じ教室」での学びから、教室になじめない子どもが教室以外の空間でも学べる「教室以外の選択肢」に転換する

「教科」:「教科ごと」の指導から、教科の本質の学びとともに、教科の枠組みを超えた実社会に活きる「教科等横断・探究・STEAM」の学びに転換する

「教師」:「Teaching」から、子どもの主体的な学びの伴走者である「Coaching」の役割に転換する

「教職員組織」：「同質・均質な集団」から、理数・発達障害・ICT・キャリアなど専門性を活かした「多様な人材・協働体制」に転換する

このように示されたのですから、学校としても学び方を変えていかなくてはならないのです。横浜創英中学・高等学校の場合、学び方改革の最上位目標として次の2点を掲げています。

「生徒の当事者意識を育てながら、学校運営と学びを生徒主体に移譲すること」
「実学的な学びで生徒と社会をつなげながら、社会に貢献できる人材を育てること」

この目標には、平成29・30年版学習指導要領における視点も入っているのです。

特色あるカリキュラムの編成－学習指導要領を上手にさばく

若者の国や社会に対する課題意識が希薄だという意見があります。本当にそうでしょうか。繰り返しになりますが、私は今の若者には十分な可能性があると信じています。自分の周囲で起きた社会課題を自分とは関係ないと切るのではなく、自分の事として受け入れ

て仲間と協働しながら解決していく。そうした当事者性を多くの若者は備えもっています。もし課題があるとすれば、それは若者ではなく学校にある。学校が社会と若者をつなげるカリキュラムを構築できない。そのことに課題があるのではないかと思っています。

主体性と主体は違います。主体性は、自ら率先して能動的にさまざまなことに取り組む姿勢のことです。主体は、自ら考えて自分の意志で行動できる力のことです。主体性を育てながら、主体に変化させていくカリキュラムが必要なのです。

学校は、生徒たちが社会に出た時に実効性のある教育を構築しなくてはなりません。今の10代が社会で活躍する２０３０年代には、進化し続けるＡＩの技術とより共存しなければならない社会が訪れます。

ＡＩの普及は社会や学校の在り方を大きく変えていくでしょう。これからは、知的労働や知識伝達の多くはＡＩが担うことになります。知識を記憶した通りに活用することは社会で意味をもたなくなるかもしれません。知識の伝達だけに終始する学校教育はやがて形骸化していくでしょう。でもＡＩには解決できない社会課題もあります。そうした社会課題については、人間にしかもち得ない選択能力や創造力、判断力を用いて、人間が解決していくことになるのです。

これからの学校は、知識伝達と課題解決の区分を明確にしながら、ＡＩでは達成できない、人間にしかもち得ない強みを育てることが求められるのです。

社会と若者をつなげ、主体を身につけさせるカリキュラム、人間しかもち得ない強みを育てるカリキュラム。本校の最上位目標である「学びを生徒主体に移譲し、実学的な学びで生徒と社会をつなげる」ためのカリキュラムをどうしたら構築できるのか。この課題を考えていると、難解なパズルを解いているかのような錯覚に陥ることがありました。四方の周囲は埋まっているのに、真ん中がポッカリと空いている状態が続き、ピースを埋めようとするたびに違和感が生まれ、なかなか真ん中にたどり着くことができないのです。

違和感の正体は、自分の今までの経験や価値観への依拠でした。経験や価値観は大切なものですが、それにとらわれ過ぎて凝り固まってしまうと、なかなか捨てることができません。自らの経験や価値観は万全ではないはずなのに、それを信じていればうまくいくと思っている自分がいました。新しいパズルの真ん中を埋めるためには、過去の自分を振り返りながら、少し離れて自分自身をぼんやり見る必要があったのです。

教師として学習指導要領に長く触れてきたとはいえ、それは自分に関わりのある箇所だけを集中的に読んでいただけで、全体像を理解していませんでした。そういう教師は少なくないと思います。「ぼんやり」でもいいからもう一度学習指導要領の全体を読み直してみると、それが難解なパズルを解く一つのカギになるかもしれません。

学びを生徒主体に移譲し、実学的な学びで生徒と社会をつなげるという本校の考え方に沿った理念と具体が述べられていないか。その視点から平成29・30年版学習指導要領解説【総則編】を読み直してみると、はっきりと「子供たちが未来社会を切り拓くための資質・能力を一層確実に育成することを目指す」と述べられていることに気づきました。

さらに、平成29・30年版学習指導要領は、「主体的・対話的で深い学び」の実現に向けた授業改善を求めています。授業改善の留意事項として、「(児童)生徒が学習や人生において『見方・考え方』を自在に働かせることができるようにすることにこそ、教師の専門性が発揮されることが求められる」(同解説【総則編】)と述べ、各教科で学ぶ「見方・考え方」は学習や人生において質の高い自己決定をする上で不可欠なものであると位置づけました。社会が流動的になる中で、生徒が主体的に深く考えるということは、社会的に自律していくために極めて重要になるはずです。

「主体的・対話的で深い学び」とは、知識・技能の習得、思考力・判断力・表現力の育成、学びに向かう力・人間性の涵養、この三つの要素をより深めるということにほかなりません。知識・技能をより深めて、より深くわかるように、より深くできるように授業を変えていく。思考力・判断力をより深めて、より深く考えるように変えていく。表現力をより深めて、自分の考えを自分の言葉で外化する力を強める。そして、学びに向かう力・人間性とは、没頭・没入するということです。1時間目から6時間目まで、生徒は授業に没頭しているでしょうか。もしそうでなければ人生の多くの時間をロスしていることになります。学校は、生徒が主体的に学習に取り組む教育活動を構築し、人生の時間を豊かなものに変えていかなくてはならないのです。そのことが生涯にわたって能動的に学び続ける姿勢の下地になるのです。

このように、学びを生徒主体に移譲し、生徒と社会をつなげるために、新たな教育課程を編成しようという本校の歩みの礎は、平成29・30年版学習指導要領にも所在がはっきりしています。弾力的かつ柔軟に運用できる基準も多く述べられており、たくさんの示唆を私たちに与えてくれます。学校の未来像を描き、社会を切り拓いていく教育課程の編成は、学習指導要領の枠組みの中で十分に対応できるのです。学習指導要領を上手にさばけば、公立・私立を問わず、より特色のある教育課程を編成できるはずです。

平成29・30年版学習指導要領に加えて、2027年に義務教育で、2028年に高等学校で改訂が見込まれている次期学習指導要領の動向を注視していくことも、極めて大切なことです。2023年「第4期教育振興基本計画」(注2)が新たに閣議決定され、目指すべき未来社会像で求められる資質・能力の育成が、具体な方向性として示されました。計画の目標には、「子供の意見表明」が新たな要素として加えられ、社会で子どもが意見を表明し、学校運営への参画や、課題解決に主体的に関与する姿勢を育てる方針が打ち出されています。

自由選択制の「超」拡大

学びを生徒主体に移譲するために、どのような教育課程を編成できるか。考え抜いた結果、本校が行き着いたゴールは、高等学校における「自由選択制の『超』拡大」でした。多くの高校では、1年生で必履修科目(注3)を編成し、2年生で教育課程の一部に必修選択科目を置き、3年生になってようやく自由選択科目が設置されているのではないでしょうか。しかし、それでは自由選択制の大幅な拡大にはつながりません。

学びを生徒主体に移譲するということを最上位目標に掲げているわけですから、生徒に選択する自由を与え、主体性を育てていかなくてはなりません。

必修科目を最低限にして、教育課程の大半を自由選択科目で編成できないか。私たちは全校生徒が1，200人いるなら1，200通りの時間割をつくると言い続けてきました。多くの反応は、「そんなことできるはずがない」です。しかし、生徒一人ひとり興味・関心や将来の方向性が違うのならば、一人ひとり違う時間割を組むことは必然であると考えていました。「できる、できない」とは無縁の、学校が背負うべき使命です。

そもそも学校は閉鎖的な場所なのに、授業まで画一的に与えられるばかりでは窮屈で仕方ない。生徒にとって、学校はできる限り自由な空間でありたい。主体的に選択しながら、自分の強みや尖りを探すことができる学びがあるからこそ、真似事ではない自分自身の正解を生み出すことができます。

２０２５年度から、本校高等学校ではクラス共通の「時間割」がなくなり、「自分だけの時間割」に変化していきます。

生徒は各教室に設置されているiPadにＱＲコードを読みとらせて出席を記録し、そのデータは職員室と家庭に送られるようになります。自由選択の科目に合わせて登校し、下校をしますので、遅刻・早退という枠組みがそもそもありません。１日１回のＳＨＲの時間帯はクラス・曜日によって異なり、空き時間の自習も個々に組まれているため、１日の時間の過ごし方は生徒の主体に委ねられます。

平成29・30年版学習指導要領で編成した教育課程を抜本的に見直すことは相当の覚悟が求められました。本来ならば、次期学習指導要領の改訂まで変更しないはずの教育課程を抜本的に変えるのですから。「それは無理なことだ」とも言われました。でも、本当の改革ほど、多くの人から「いいねえ」と賛同されるより、「無理だ」と言われながら始まるものだと思います。

自由選択制を「超」拡大させるために、本校で取り組んだ改革は次の三点です。

①　単位は半期認定

自由選択制を大幅に拡大するには、「必履修科目の履修をどうやって前倒しするか」という課題がありました。平成29・30年版学習指導要領には、標準単位数の範囲内で合計が最も少なくなるように履修した際の必履修科目の単位数の合計は35単位と定められており、この科目は必ず履修しなくてはなりません。学年の早い段階で必履修科目を終えても、高校1年生から自由選択制を導入することは極めて難しかったのです。

たどり着いた解決策は、2期制に移行して授業の多くを学期（前期・後期の半期）ごとに完結し、学期で単位を認定するシステムです。学年の終わりに単位を認定する制度では、自由選択科目への移行が高校2年生以降になってしまいます。それでは、自由選択制の大幅拡大にはつながりません。その課題を解消するため、単位の半期認定に踏み切りました。

【例　数学科必履修科目「数学Ⅰ」（3単位）】

従来の高校の教育課程：高校1年生の年度末に単位認定

本校の新教育課程：高校1年生の前期で単位認定

⬇高校1年生前期に、年間と同時数の授業を展開することで履修をほぼ終了。後期から自由選択科目を履修
⬇高校1年生の後期から「数学Ⅱ」を履修。逆に数学を今後一切履修しないことも可能

こうすることで、生徒は高校1年生の後期から、自らの興味・関心や卒業後のキャリアも見据えて主体的に授業を選択することができるようになり、「自分だけの時間割」が誕生します。半期の単位認定の導入は、すべての教科で大幅な自由選択制への移行を可能としたのです。

なお、この半期の単位認定は学習指導要領における次の規定を運用したものです。

「学校においては、生徒が1科目又は総合的な探究の時間を2以上の年次にわたって履修したときは、各年次ごとにその各教科・科目又は総合的な探究の時間について履修した単位を修得したことを認定することを原則とする。また、単位の修得の認定を学期の区分ごとに行うことができる」

（平成30年版高等学校学習指導要領第1章第4款　単位の修得及び卒業の認定）

②　半期認定のために減単と一部教科の継続履修を導入

単位を半期で認定するために、通常は年度で標準単位数の授業を実施するところを、半期で標準単位数の授業を実施しなくてはなりません。つまり、単位数の倍の授業を週に行わなくてはならないのです。週30時間の枠組みの中で、3単位の科目を設置すると週6時間の授業を置くことになり、時間割をかなり圧迫します。半期では、1単位（週2回）と2単位（週4回）の授業を置くことが限界ですから、3単位以上の科目については学期をまたぐ継続履修としました。

また、平成30年版高等学校学習指導要領解説【総則編】にある、当該科目の目標を実現できる範囲内で、「標準単位数を下回って単位数を配当することもあり得る」という減単を活用することで、必履修科目である「数学Ⅰ」と「英語コミュニケーションⅠ」も2単位で設置し、スリムな時間割の編成を可能としました。

③　中学英語は学び方を生徒が自由に選択

本校中学校の授業についても触れておきたいと思います。中学校では学年ごとの標準授業時数が決められているため、自由選択制の導入には限界があります。そのため本校では、中学校の英語の授業はクラスごとの一斉授業を一部やめ、生徒自身が学び方を選択できるようにしました。

「教師が教える部屋」「対話して学びコミュニケーション力を伸ばす部屋」「ＡＩ教材やワークを利用して個で学ぶ部屋」「英会話やマインクラフトなど企業から学ぶ部屋」の四つの部屋を用意し、生徒自身がどの部屋で授業を受けるかを選択します。その選択は毎回変えてもかまいません。今月は文法を教師から学ぶ部屋、次の月は音読の成果を生徒同士で発表してスキルを上げていく部屋、探究型英語学習に取り組む部屋……。教師は生徒の主体的な学びの支援者として伴走します。一斉授業のときと違って、アンニュイな雰囲気を漂わせる生徒は一人もいません。生徒一人ひとりが皆輝いています。

授業が終わって休み時間になっても、生徒同士のやりとりが続き、生徒が教師役になって教えている光景も見られます。英語教師は授業準備の負担がほとんどなくなり、「Coaching」の方法を工夫することに時間を割いています。「個別最適な学び」とは、生徒の興味・関心や個性に合わせた多様な選択肢を用意し、生徒自身が学び方を選ぶことができる環境を整えることです。このような授業形態を中学校でも少しずつ広げていきたいと考えています。

実社会に近づけるため学年制は柔軟に運用

社会に出てしばらくすると、1、2歳の年齢差はあってないようなものになります。多様な年齢層が混在する環境で、私たちは多くのことを学びます。社会と学校を同質化して、社会と生徒をつなげるためには学年制を柔軟に運用する教育課程の構築は不可欠です。

生徒たちは、単なる知識や技能だけでなく、多様な社会的資源を活用して社会課題に対応する力を、あらゆる年齢層の人から学ぶのです。もちろん、集団内における人間関係形成能力や主体的に行動する能力も同じです。学校の文化も、教師が継承する以上に、モデルとなる上級生が継承してくれるものです。生徒から生徒へ受け継がれることで文化が根づいていきます。

社会に出れば同一年齢の人とだけ仕事を共にするわけではありません。学校においても、同学年とだけしか関わらないわけではありません。学校行事や部活動においては学年を超えて連携します。受けられる授業を学年によって区切る必要が、本当にあるでしょうか。幅広い自由選択科目の中から、自分の興味・関心に沿って、学びたい授業を学びたい時に選ぶとすれば、授業が同一学年の生徒だけで構成されるはずがないのです。

例えば、現代文の授業は、小説・随筆・評論などのジャンルで構成されています。自分の興味・関心のあるジャンルについて、学年にこだわらず、とりたいときに選択すればいいのではないでしょうか。高校入学時に英検1級をもっている生徒は、英語については必履修科目を除いて、高校3年生と一緒に授業を受けてもいいと思うのです。また、海外からの帰国子女の生徒が高校2年生に編入する際、必履修科目である「数学Ⅰ」を履修していないことがあります。そうした場合には、「数学Ⅰ」の授業だけ高校1年生と一緒に授業を受ければいいでしょう。

学年制を柔軟にすると、さまざまな背景のある生徒に対しても個々に寄り添った対応ができるようになります。生徒一人ひとりの個性を活かし、真に個別最適化した授業形態を目指すならば、学年の枠を外していくことは必然と言えます。

時間割は、1年生の前期は授業の大半が必履修科目ですのでクラスごとの時間割が組まれることは致し方ありません。また、3年生の後期も進路実現に合わせた授業が編成されるので、異学年で授業を展開することは難しいと思います。でも、1年生後期、2年生の前期・後期、3年生の前期については、教育内容や授業時間数の配分、教師の数や教室数などの人的・物的資源の確保などを改善させながら、異学年で授業を編成することは可能なことです。

単位制高校の仕組みは、学年制を柔軟に運用する上でたくさんのヒントをくれます。単位制高校の特徴は、学年による教育課程の区分を設けず、決められた単位を修得すれば卒業が認められることにあります。学年の区分がなく、自分の興味・関心に応じた科目を選択し学習でき、自分のペースで学習に取り組むことができます。この単位制の良さを学年制にも組み込めないか。もちろん学年制にも、安心できる居場所を得られたり、協働の学びが機能したり、多くの利点があります。その一方で、学年制で縛り過ぎてしまうと、個性化が機能せずに真のインクルーシブが実現しにくい弱みもあります。

学年ごとの履修単位の枠を決めた上で、実際に何単位履修するかは生徒の選択に任せたい。そうすれば、学年制であっても原級留置の規定を緩やかにできるはずです。制度に縛られることなく、自分のペースで自己決定できるようにしたい。生徒の今は、外に視線をやったり、後ろを向いたり、当てのない旅のようなものですから。その迷いを支えられる学校でありたいと思うのです。

2　社会とつながる教科外活動を重視

教科書にない教育活動の構築に学校の「教育力」が表れる

「教育課程」と「カリキュラム」は同義語として扱われることもありますが、「教育課程」

は教育内容を学年や学習段階に応じて系統的に配列した教育計画であり、「カリキュラム」は学校という組織体が教育目標に応じて編成した教育内容や学習支援など教育の全体計画を指しています。

「教科書がない」教育活動をどこまで構築できるか、それはその学校の教育力を示します。生徒たちの成長を願いながらも焦ることなく、「The Best」より「Better」を目指して、学年や教科を超え生徒たちと社会をつなげる実学的な探究型の教育活動を、教科外活動でも構築していくのです。本校では、キャリア支援部を中心に以下のような教科外活動を構築してきました（P75図参照）。

【例　中学校2年生で行われる4Cスキル研修】

「Creativity（創造）」「Communication（対話）」「Collaboration（協働）」「Critical thinking（分析的思考）」という、実社会で活用できる四つのスキルを会得するための合宿を実施。ブレーンストーミング・トライアル&エラー・プレゼンテーション・リフレクションなどのプログラムを体験しながら問題を解決するためのスキルを学びます。

【例　高等学校2・3年生の2年間継続で行われる対話創造型講座】

大きく三つのフェーズに分かれ、第1フェーズでは社会で活躍する特別講師から「対

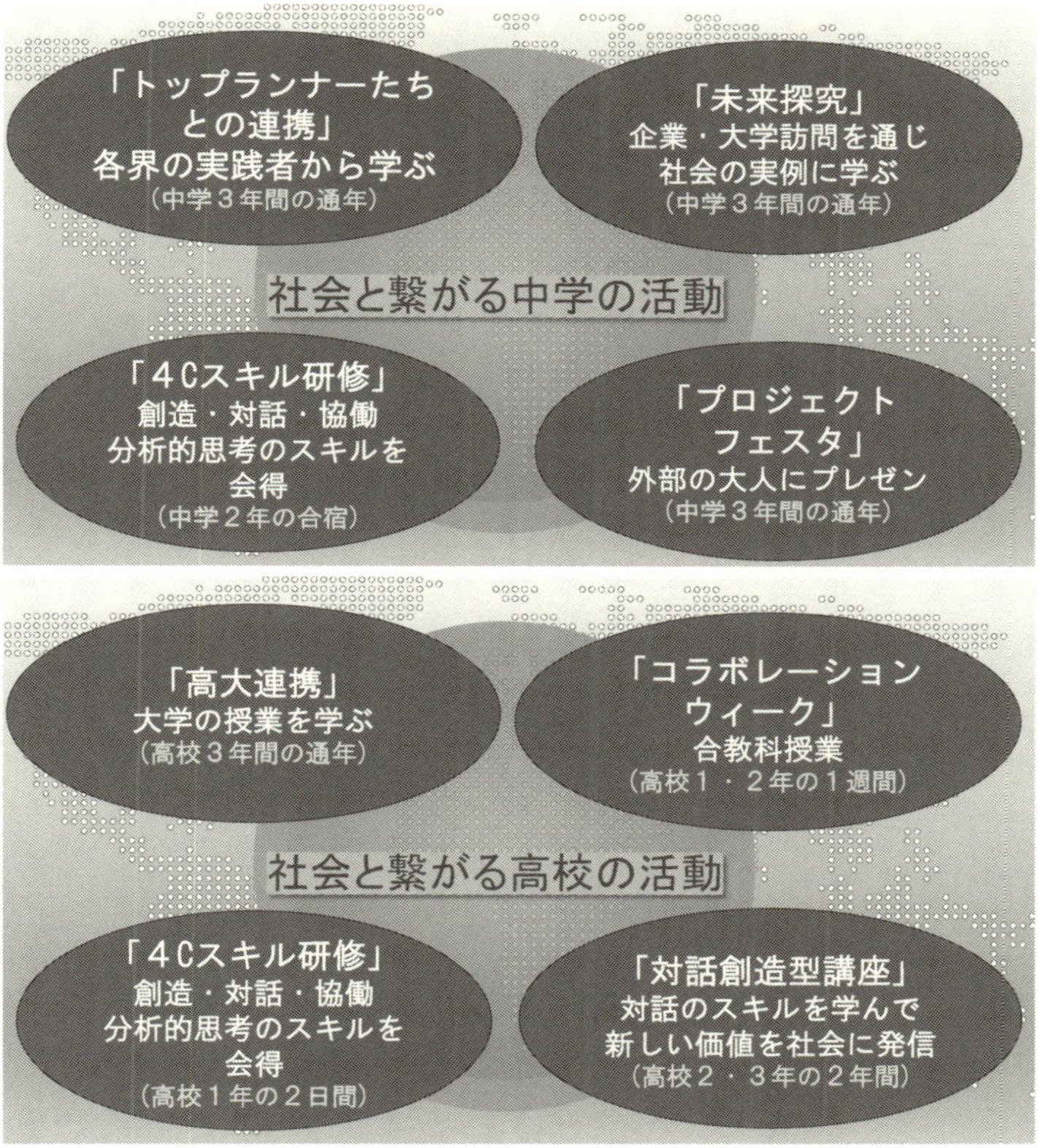

横浜創英中学・高等学校「教科外活動」

話」のスキルを学びます。第2フェーズでは「創造」にフォーカスし、社会課題を自分で

設定し、それを解決するための方策を考えていきます。最後にアウトプットのフェーズと

して、新しい価値を創出しプレゼンテーションを行います。高校2年生から3年生まで2

年間で行う課題発見型の探究活動です。

教科外活動を構築するのはとても重要なことですが、ゼロからつくり上げていくので教師は骨身を削られます。最初から完璧な活動の構築を目指すことなく、とりあえずやってみて、「ああすればよかった、こうした方がよかった」という振り返りを反映させていく方がいいと思います。

子どもたちが予測不可能な未来を生きていくためには、学校が早い段階から社会と接点をもち、学校の外の多様な人々とつながる環境をつくることが不可欠です。学校が未来をつくり出すことは難しいですが、未来を予測してこれからの社会に対応するための方法を考えることはできます。「環境が整ってから」とか「もう少し様子を見てから」とか、そんな悠長なことを言っている限り、改革のスタートを切ることはできません。何も行動を起こさないでいるより、まずは一歩踏み出して、行動を起こしてから修正すればいいし、歩きながら新たな価値を加えればいいでしょう。

これからの学校は、大人が今まで経験してこなかったことを伝えなくてはなりません。子どもたちを取り巻く社会は、私たちが追いつけないほどのスピードで変化しています。社会が変化すれば、学ぶ内容や方法も変わらなくてはならないのは当然のことで、学校が硬直化することは避けたいものです。

「学ぶことの意味」を問われれば、その答えはそれぞれだと思います。私自身は、学ぶことをあまりしてこなかった人間なので偉そうなことは言えませんが、今の年齢になって「学ぶことの意味」を問われれば、こう答えるかなあと思います。

「社会に出てから課題にぶつかったとき、学びの経験と実践によって課題が解決されること。その一方で、もし解決できない場面に直面しても、もう一度学び直すだけの英気をもっていること。そして、もう一度学び直すことを楽しく大切であると感じられること」

高大連携で生徒を社会に解き放つ

社会とつながる教育課程を編成するためには、「学校外における学修等の単位認定」の制度を活用することが極めて大切です。学校の枠を外に広げることで、教師の負担軽減にもなり、働き方改革につながっていきます。

平成30年版高等学校学習指導要領解説【総則編】は、「高等学校の生徒の能力・適性、

興味・関心等の多様化の実態を踏まえ、生徒の在学する高等学校での学習の成果に加えて、生徒の在学する高等学校以外の場における体験的な活動等の成果について、より幅広く評価できるようにすることを通じて、高等学校教育の一層の充実を図る」として、各学校長の判断によって、学校外における学修等を高等学校の単位として認めることを可能としています。

「学校外における学修等の単位認定」は、「海外留学に係る単位認定」「学校間連携による単位認定」「大学、高等専門学校又は専修学校等における学修の単位認定」「技能審査の成果の単位認定」「ボランティア活動等の単位認定」「高等学校卒業程度認定試験の合格科目に係る学修の単位認定」などを定め、２００５年度からは、認定できる単位数の上限が20単位から36単位に拡大されました。

高大連携に関しては、学校教育法施行規則第98条第1号において、校長は「大学、高等専門学校又は専修学校の高等課程若しくは専門課程における学修その他の教育施設等における学修で文部科学大臣が別に定めるもの」について、高等学校における科目の履修とみなし、当該科目の単位を与えることができるとしています。

本校において実行、計画している高大連携の主な取り組みは次のようになっています。

①　大学での履修を単位として認定

本校では高大連携を強化し、大学とつながるシステムを高等学校の段階からつくっています。現在までに10大学と高大連携協定に調印(注4)し、将来的に20の大学・学部と結ぶ計画です。

高等学校の自由選択制の時間帯を広げたので、その時間を利用して生徒は大学に出かけ、講義を受動的に受けるのではなく、探究型の講義に参加します。そして大学での履修を、「学校外における学修等の単位」として本校の単位として認めるシステムを構築しました。

極端なことを言えば、高校2年生までに60単位をとってしまえば、卒業に必要な修得単位は残り14単位となります。その14単位を大学で履修するのか、高等学校で学ぶのかを、生徒の主体をもって選択させたいのです。

学ぶ場所を大人が与えるのではなく、生徒が選んでいく。世間では「不登校」が問題として盛んに取り上げられていますが、学び方を生徒が選べる教育が生まれれば、解決できる部分もたくさんあると思います。

②　高大連携を学校推薦型選抜に活用

学校推薦型選抜についても、高大連携を利用できないかということを考えています。高校3年生の前期に、ある大学の探究型講義を20人が希望すれば、授業を公欠にして大学の講義に参加させます。その大学の学校推薦型選抜の枠が5人分あるとすれば、その5人の合格は探究型講義の学びを見て大学側に判断を委ねる。そうすれば、課題解決力というスキルで大学と高校がつながるのではないかと思うのです。

現在の日本の教育の課題が、知識系統主義であり、正解主義であり、受動的であり、考察力や創造力の欠如が起こり得るということならば、裏を返せばいいのです。経験主義に置き換え、自分の考えを導き出す力を重んじ、生徒たちの主体性を信じ、考察力や創造力を育てる教育活動をどうつくり上げていくか。私たち大人は今も、社会で転用できるスキルを身につけるために、必要なことを自ら選んで学んでいます。生徒たちにも、同じように選びとって学べるようになってほしいのです。

生徒たちには社会をデザインしてほしいと願っています。学校というのは、「学校」という枠組みの中で教育を完結しなくてはならないと考えがちです。でも、中学生・高校生の段階から社会に触れていなければ、社会をデザインすることはできません。学校を軸にしつつ、生徒たちを早い段階で社会に解き放したい。高大連携はその第一歩です。

学びに没頭させる教科横断探究授業

本校では、高大連携以外の教科外活動でも、生徒と社会をつなげる実践を展開していま す。その一つに「コラボレーションウィーク」と題した合教科による授業があります。

平成29・30年版学習指導要領では、生徒の主体性を引き出しながら、深い学びの実現を目指し、思考力や判断力、表現力の育成を目的とした授業の質の転換を示しています。こうした資質や能力を育てるためには、一つの教科の枠を超えて、すべての教科が横断的にそれぞれの役割を果たすことが求められます。

【コラボレーションウィークとは】

「コラボレーションウィーク」は9月上旬に1週間にわたって実施しています。この1週間、通常の授業は行いません。48人の教師（高校1・2年生の授業担当者で編成、年度によって人数は変わる）が教科の違う者とペアを組み、24の講座を出してミッションを与えるもので、高校1年生と2年生の異学年制で実施します。生徒は一つの講座を選び、ミッションに沿った研究テーマを定め、8時間に及ぶ探究活動を行います。最終日にはプレゼンテーションでアウトプットを行う、課題設定型の探究活動です。

例えば、私は日本史の教師ですが、英語科の教師と組んで、幕末の福澤諭吉を題材にして生徒にミッションを与えたことがあります。オランダ語が堪能だった諭吉は開国後の横浜に足を運びます。そこで多くの外国人が英語を話す光景を見ます。その後、諭吉は膨大な英単語を丸暗記してアメリカに渡るわけですが、その英語力は全く通用しなかったそうです。これを題材として私たちは、「今の日本の英語教育は本来の目的を失っていないか。英語は単なるツールにしかすぎないのに、それを教えることに躍起になり過ぎている。大切なことは英語を使って何をしたいのか。英語を使って社会にどのように貢献したいのか。英語を使って世界をどう変えていくのか。そのことを考えるべきだ。英語教育の本来の目的を考え、それに沿った自らの英語の学習方法を立案しなさい」というミッションを作成しました。

ミッションを与えられた生徒は、英語の自律的な学習方法について議論を始めます。どのグループも一斉授業による画一的な教え方には否定的で、長文読解や文法なども動画やAI教材を通して自分で勉強できるのではないか。そういった視点で議論が進みます。最終的には、英語のコミュニケーション能力を高めることが何よりも大切で、対話を通しながら、グローバルな視点で世界とつながる授業を受けてみたい。そうした考えの下に、それぞれの学習方法が立案されていきました。

「コラボレーションウィーク」の試みは、そもそも私の思いつきで始まったものです。本校の中学校において実学的な学びを展開する中、高等学校から入学した生徒にも同じような教育活動を与えたい。その方策を考えた時、思いついたのが教科の枠を超えた探究活動「コラボレーションウィーク」です。

新しい教育活動を始める際には、最初にその意義や理念を先生方と共有することが大切です。教科によって育てる資質・能力や表現方法は異なります。意識しているかいないかは別にして、私たちは社会の状況に応じてそれらを組み合わせて生きています。学びは、社会の具体的な状況に埋め込まれて初めて意味をもつものです。社会の実際の場面で転化できる学びを構築するには、合教科のスキルが必要になります。

「コラボレーションウィーク」を企画する際には、まずはこうしたことを先生方と共有。その上で、合教科を組む際は自身の教科の本質について考えてもらい、ペアを決め、生徒が取り組むべきミッションを設定してもらいました。

具体的な運営方法については教師と生徒に任せています。結果として、スタートの際に描いたイメージをはるかに超えた学びが構築されています。先入観や偏見があると、既成のものだけが残って、新たな価値を創造する機会を失います。それぞれの「思い込み」を隅に追いやって「思いつき」を拾い、皆でそれを積み上げていくことが、新しい教育活動の構築には重要です。

「コラボレーションウィーク」は、小・中学校、高校、どの段階でも構築できる教育活動です。実施する際に教師間で共有したポイントを挙げておきます。

・一つの講座の受講者は40人前後。学年・コース・クラスのすべてがバラバラで関係性の薄い集団をあえて設定

➡関係性が薄くてもミッションの解決のために一つになっていく変化が社会の縮図です。生徒一人ひとりがマイノリティーになる環境をあえてつくることが大切で、成長を生むためには、画一性から脱して、多様性の中に生徒を置くことが必要です。

・ペアを組んだ教師が初日に発信するミッションは、それぞれの専門的な学問領域から構築された実践的な学びであること

➡生徒が8時間の探究活動を行うために、十分な知識基盤や考察、社会への実践的なアプローチ方法を明確に示す必要があります。

・探究活動が始まったら、教師は生徒と一緒に活動を楽しむ

➡探究活動に往々にしてある教師の「専門外だから私はできない」という言葉はいりません。教師は生徒と一緒に社会への発信を楽しめばよく、また一方で生徒と社会をつなげる支援者になることに徹します。

・最終日のプレゼン発表に向けては、いま一度教師の主導に戻す。他者を理解した上で自己を表現する表現技術の在り方を助言

➡発表は身内ではなく、社会の大人に向けて発信するという意識をもつことが大切です。プレゼン日に定例の視察日を充て、全国の先生に発表の場に参加してもらっています。

・9月の2週目に実施

➡先生方は夏休みにゆとりをもって準備できます。さらに9月末の文化祭で24講座の代表グループがプレゼン発表して、社会への発信を共有します。

あとは「1週間、授業を止める覚悟を学校としてもてるかどうか」だけです。

ある生徒は社会と化学の講座を受講し、そこで染色の歴史とその色を表す化学式を学びました。染色の素となる色を校内の自然から採取し、すりつぶして染色する。そして自分がつくり出した色を元素化し、化学式を考えることが教師から提示されたミッションでした。

今まで自ら学ぶことに消極的であったこの生徒は、ミッションを通じて、主体的に色を採取し、異なる色を見つけた生徒と協働し、その結果どのような化学式を構築していくか、正解のない問いに1週間没頭したのです。この経験が生徒に大きな変化を与え、将来は生

体関連化学の研究分野に進むことを目指すようになりました。

没頭するということは、つまり「主体的な学習意欲をもつ」ということです。そもそも学習意欲というのは、選択をしながら主体的に何かを学ぼうとする意志と、それを成し遂げるために行動を起こそうとする欲求との足し算です。こうした状態に生徒をどう導くか。そのための1週間はとても貴重な時間です。

3　未来を見据えた入試システムと進路指導

偏差値を求めない入試で多様性を認める風土をつくる

本校の中学校入試では、プレゼンテーション試験とグループワーク試験に分類されるコンピテンシー入試を導入しています。
プレゼンテーション試験：自分が今まで築いてきた強みを自分の言葉で表現し、それを中高一貫の6年間にどうつなげていくのか。自身が社会に貢献できる可能性にも触れながら、ストーリー化していく力が求められます。

グループワーク試験：与えられた社会課題を解決するために、周囲に働きかける力を大事にしながら、課題に向けた具体な対応策を社会に発信する力が求められます。２０２４年度入試では、日本財団の「18歳意識調査」のグラフを提示し、現在の若者の当事者意識と主体性の希薄さを読み取らせた上で、「日本の若者がこのような状況に陥った原因を分析し、改善のためにあなたたちができることを発表しなさい」という課題をグループに提示しました。

本校では、学校改革の最上位目標として、実学的な学びを重んじて生徒と社会をつなげ、社会に貢献できる人材を育てることを掲げています。つまり、コンピテンシー入試は、従来の教科学力だけの「選抜」から脱却し、12年間の経験から生まれた児童の当事者意識と主体性を大切にしながら、学校の学びと「接続」させることに観点を置いたものです。

コンピテンシー入試で合格した生徒の中には、学科試験による区分で受験をしなかった者もいます。しかし、彼らの多くは校内におけるあらゆる活動の場で、困難に直面しても、自分とは関係ないと切って捨てることなく、自分事として当事者意識をもち、仲間と協働しながら、主体的に課題を解決しようとしています。学年でも傑出したリーダーシップを発揮していたりします。教科学力はもちろん必要ですが、教科学力だけが人の強みではありません。

学校こそ生徒のたくさんの価値を認める評価基準をもつ必要がある。もしそれができないとするならば、その原因は学校が多様な能力を認める風土をつくろうとしないことにあります。

今は万人の正解は存在せず、価値観は多様です。状況に応じた最適解を自分の力で考え、他者と協働しながら新しい価値を創造していく力が求められます。その能力は偏差値で測れるものではありません。偏差値によって評価される能力は一面にしかすぎないのに、いまだに多くの学校が一つの正解を探し出す力を生徒たちに求め続けています。

どうしたら多様な能力を認める風土が根づくのだろうか。かなり昔から大人は「学校を変えなきゃ」と言い続けてきたのに一向に変わりません。その一方で「社会が変わらなければ学校も変わらないよ」という捨て鉢な言い方がなくなることもありません。変わらないという思い込みが学校をとても窮屈なものにしています。学校の風土に生徒の未来につながらない一面があるならば、何か少しでもいいから変えなくてはならないと思うのです。そのためにも、学校に身を置く私たちは、とりあえずは何をやっても無理だよという先入観を捨てることから始めてみませんか。

生徒の進路選択を信じ希望を共有する

社会が大きく変化する中で、大学も将来社会に貢献できる人材を求めるようになりました。アドミッションポリシーで「求める学生像」を明確にし、筆記試験に頼らず、多様な観点から評価する「総合型選抜」を採用する大学が増えています。そこで求められているのは、大学入学をスタートとして、社会で志を遂げるために目的意識をもって主体的に動くことができる人材です。高校在学中に課題を設定し、目的意識をもって研究活動を続けた生徒にとって「総合型選抜」での受験は力を発揮する絶好の機会になるでしょう。

大学入試が大きく変化しても、学校の大切な役割が生徒たちの進路実現に向けた支援であることに変わりはありません。進路支援については、教師は二つの顔をもって生徒と接しなくてはなりません。一つは夢を捨てることなく、第1志望にこだわり続けなさいと生徒の背中を押し続ける顔。もう一つは、第1志望が叶わなかった時、2番目に選んだ場所に生徒が胸を張って進めるよう、次を認める顔です。生徒は親や教師が2番目を認めてくれると、とても安心します。

オンリーワンというすてきな価値観がありますが、そもそもオンリーワンは、ナンバーワンを目指して恐ろしいほどの情熱を向けたその先にあるのではないかと思うのです。スタートはナンバーワンを目指すべきだと思います。でもナンバーワンを目指すことと、ナンバーワンにならなくてはならないというのは違う価値観です。人生では、なかなか1番をとることはできません。私などは、人生で1番をとった経験は皆無に等しいです。それなのに、大人はずるくて自分はとれなかった1番を、子どもにはとれとれと言ってしまうのです。

人生は、自分の生き方を繰り返しリセットしていくものです。進路選択で第1志望に届いた生徒は、その栄光にしがみつくことなく、新しい目標に向けて自分の生き方をリセットしなくてはなりません。第1志望に届かなかった生徒の進む道は、第2志望かもしれないし第3志望かもしれません。でも、「自分で選んだ道を自分らしく生きている」と胸を張って言えるように自分の生き方をリセットしなくてはなりません。

もちろん、大学受験だけが進路ではありません。高校卒業後に起業する人、海外に行く人、さらに先に目標を置いて夢を追い続ける人もいます。1番に希望する道を選びとれた人、2番目の道を選んだ人、どれもが人生です。大切なことは社会に出た時に、その人がどれだけ豊かに生きているかだと思います。比較して優劣をつけることは誰にもできないのです。

教師と高校生の関係では、教師の方が少し肩の荷を下ろし、生徒の主体性を信じて、求められた時にアドバイスをするナナメの関係で支えるぐらいがちょうどいいと思います。

それは親子関係においても同じではないでしょうか。子育ては引き算をしながら喜びを見いだしていく作業です。子育てには小さなゴールがたくさんあります。ゴールが先にあって、あと何年あと何回という引き算をしながら、親は一生懸命子どもと関わろうとします。でも進路選択の際には、親は子どもの決定を信じて委ねなくてはなりません。子どもの決断を信じ、信じた上で希望を共有する。その共有の中でしか、子どもは自分の進路を追求する勇気をもつことはできないのですから。

子どもは社会に出るとあっという間に独り立ちをして親から巣立っていきます。社会に巣立ったら、もう親のことなどあまり考えずに自分のために生きてほしい。それが何よりの親孝行だと思うのです。親が子どもの未来を案じるのは、未来が現在からみれば不確定で、何が起こるのかわからないからです。不確定な未来に希望をもつためには、子どもを信じ、もしかすると、それ以上に親自身が自分の可能性を愛し、自分の未来を信じていくことが大切なのかもしれません。自分を信じる人だからこそ、子どもを信じることができる。自分を信じていない親が子どもを愛することはできません。

4　学校運営を生徒主体に移譲する

学校を軸に生徒と社会をつなげる

先述の本校の「学び方改革」の二つの目標。これに含まれる「学校運営を生徒主体に移譲する」という考え方は、生徒たちと社会をつなげるために大きな意味をもってきます。生徒たちが最も深く学ぶのは、本物の経験によって知識と理解が掘り起こされたときです。学校運営を生徒に移譲することで、身近な課題に取り組み、自らの力で解決しようとします。教師が関わることを控えれば、仲間と協働して新しい何かを築く機会が増えるし、時には旧態依然の残存をひっくり返すかもしれません。学校運営はお飾りでなく、生徒たちの日常に埋め込まれた大きな仕事です。そこには、形だけのプロジェクトにはない、リアルな結果が伴います。そのことを通じて、社会と同質の経験を得ることができ、社会に貢献するということ、社会に影響を与えるということを知るきっかけとなるのです。

学校が生徒を社会に解き放すシステムをつくれば、早くから本物の学びに触れる機会をもつことができます。それは私たち大人が社会で学んでいることそのものです。大人たちは、学校での学びが社会での学びと異なっていることを知っているはずです。例えば、次のような違いがすぐに思い浮かぶでしょう。

・社会に出れば、失敗することの大切さを学びます。学校では失敗すると責められますが、社会では失敗によって経験を積み、失敗することでその先にある成功の道程を知ります。
・社会に出れば、一歩踏み出してみることの大切さを学びます。学校では計画を立てることが重んじられますが、計画は最初の半歩に過ぎず、社会では実行することの重みを学んでいます。
・社会に出れば、積極的な方向性を選ぶことの大切さを学びます。学校では安全な志向を求められますが、社会では自分が動かなければ道はひらかないことを学んでいます。
・社会に出れば、多数決が時に多数派のおごりになることを学びます。学校では多数決で物事を決めなさいと教わりますが、社会では多数決に頼らずに目的の共有から始めることを学んでいます。
・社会に出れば、群れをなさないことを学びます。学校では群れをなしていないと不安だったのに、社会では群れを飛び出す人が組織を動かしていくことを学びます。

社会にはこうした学校での学びが覆るような学びや、学校では触れられることがなかった学びがたくさんあります。だからこそ、学校が社会とつながるシステムがつくれないか。学校が軸になり生徒と社会をつなげるために、まずは学校運営を生徒に任せられないか。本校における「学び方改革」の二つの目標は、こうした想いから掲げられました。そして、その目標に向き合っていくことは、「自らの力で社会は変えられる」「自分には社会に貢献する力がある」と信じられる、自己肯定感のある生徒を育むことにもつながっていくと思っています。

生徒会が運営する入学式

教師が生徒を信じられると、学校運営を生徒に移譲することができます。本校では生徒会に入学式の運営を任せています。入学式の準備のための打ち合わせは、教師と生徒が一緒に行いますが、当日の運営はすべて生徒に任せます。型とか見栄えとか説明とか、大人の論理が入ると、式で一番大切な生徒の存在が薄れてしまいます。

毎年、オープニングでは吹奏楽部が新入生を迎えるにふさわしい曲を演奏します。生徒が式の司会を務め、穏やかな雰囲気をつくり、式の中で学校紹介や校歌紹介も行って、豊かな式を演出してくれています。

ある年の生徒会長は自分の言葉で以下のように語り、感動を与えてくれました。

「横浜創英では数多くのことにチャレンジできます。その先にある喜びや悔しさを思う存分味わい尽くすこと、それを私は青春と呼ぶのではないかと思います。自分の思う最高の青春を横浜創英で築いてほしいと、私は心の底から願っています」

この言葉を舞台の袖で聞いていて、「喜びだけでなく悔しさを味わうことも青春なのか、すごいなあ」と感心しました。この生徒は、「悔しい」という感情が「あきらめない」ことにつながっていることを知っていると感じたからです。

「あきらめる」という言葉の意味は、「やめる」「逃げ出す」ことではなく、「明らかに見極める」ということです。本当の意味で「あきらめる」という言葉を使うことができるのは、中途で投げ出すことをせずに、限界の手前までたどり着いた人だけ。そこには「悔しさ」はないはずです。この生徒は、何度も「あきらめない」経験を本校で繰り返し、「悔しさ」を味わってきたのでしょう。

学校文化の進化は、生徒たちから生まれるこうした言葉の中に見てとることができます。そして進化は、生徒を信じて学校運営を任せない限り望めないものだと思います。

学校の主人公は校長でも教師でもありません。現場から遠く離れている教育委員会でもないし、学校法人でもありません。学校の主人公は生徒です。人と人とが穏やかな関係を築くためには、相手を信じるという感情が不可欠です。相手が自分を信じてくれるから、自分も相手を信じようと思う。相手のために動こうと思うのです。そうした感情が自然とあふれ出る穏やかな環境が学校の現場には求められています。管理する・管理されるという対立軸の中では、信じるという気持ちは湧いてきません。

対立軸をなくすために、校則はゼロベースに近いものにすればいいと思うのです。教師と生徒との間に決まり事をつくり過ぎると、いつもその決まり事を介してつき合わなくてはなりません。決まり事がないところで成熟した関係をつくろうとすれば、教師も生徒も自律をしなくてはなりません。社会を常に意識している生徒は、学校文化の何が大事で、何に意味がないのか、その価値を自分の力で判断し、言語化していきます。自由と規律との間にある境界線は教師が決めるものではありません。生徒を信じて境界線は生徒に決めさせればいい。社会通念と離れたルールは必要ありません。生徒自身が自由と規律の境界を考えながら、自律していけばいいのです。学校は、教師の考えで器を満たすのではなく、生徒の考えを認めて小さな火を灯すことに力を注げばいいと思うのです。

運営を生徒に移譲した学校行事

本校の中学生・高校生の修学旅行は生徒がすべてを企画します。高校生の場合、年度によっては150人を超える生徒が修学旅行委員に手を挙げることもあります。実に学年の3分の1に相当する人数です。彼らが各々チームを組み、生徒の要望を実現するために、行き先やプログラムを考えていきます。「行き先は一つだけ」という前提をなくしているのです。多数決で行先を決めれば、少数派の思いは切り捨てられます。生徒全員に「行きたい場所」が見つかることを目標に、委員は旅行代理店とメールやZoomを使ってやりとりを続けます。

例年六、七つのコースが設定されますが、行き先によって日数や費用は異なります。コース内のプログラムもすべて生徒が立案し、希望者を募るプレゼンテーションも生徒自身が行います。2024年度の高校2年生は、北海道コース、東北コース、関西コース、四国コース、九州コース、沖縄コースの六つのコースを編成しました。教師の役割は、修学旅行中の安全対策を徹底することだけです。

この企画型修学旅行にはリアルな学びが詰まっていると思いませんか。企画力・コミュニケーション力・プレゼン力・判断力・調整力・臨機応変な対応力。修学旅行の内容を説明する保護者会で、生徒が保護者に向けてプレゼンをする光景は教師顔負けです。それを微笑ましく見守っている先生方の姿もすてきです。

体育祭や文化祭などの学校行事も生徒自身の手で企画・運営が行われます。体育祭では、当日に教師がマイクを握ることは一度もありません。教師が言葉を発することはないのです。会場は生徒たちの言葉であふれています。体育祭を参観された保護者の方からは次のような言葉をいただきました。

「先生の姿はある。でも、声は聞こえない。聞こえてくるのは生徒の声だけ。入学式同様、体育祭も先生が進行することは一切なく、開会式から閉会式、何ならその後の注意事項まですべて生徒主導だった。先生が生徒を信じて任せるスタイル。でも、決して見放すのではなくサポートは全力でしてくださる。だから生徒たちは安心して行動できるのだと思う。息子の学校を見ていると子育てのヒントになることがたくさんある。学校の在り方と同じように、親として見守ることができたなら子どももきっと主体的になるのだろうなあ」

教育は生徒を信じることから始まります。生徒たちの可能性を開くために、生徒たちを信じて待ってみてはどうでしょうか。

教師は生徒を信じて待つ

科学技術の進歩によって、私たちは「待つ」ということがとても不得手になってしまいました。私が学生の頃のデートの待ち合わせは、相手が何らかの事情で遅れたとしても、携帯でのやりとりができないので待つしかありませんでした。でも、あの時イライラしていた記憶がほとんどないのです。「何かあったのかな」「大丈夫かなあ」と、待たされている自分よりも相手のことを気遣っていました。しかし、今は遅れたとしてもメールでやりとりができるので、そもそも待つことの機微を経験することが少なくなってきていると感じます。

子育ても同じです。育てる子どもの数が少なくなると、子どもの未来に対する親の期待は過剰になります。しかし、親の経験や価値観を子どもに当てはめようとしても、そのベクトルは子どもの未来図に通用しないことがほとんどです。親のイメージから子どもが離れていくと、親は焦り、さらに子どもを待てなくなってしまう。時に大人は一定の型を振りかざし、それを子どもに当てはめようとします。大人が大人の価値観に子どもを埋め込もうとしても、子どもの姿とは必ずしも一致しません。子どもが離れていくと大人は余裕を失い、焦り、空回りする。待つことはとてもしんどいことですが、親と教師は待たなくてはなりません。待つために大人にとりあえずできることは、子どもの言葉に耳を傾けることだと思うのです。

校長室には、無為に入ってくる生徒がいます。何を求めてきたのかもよくわかりません。何とも不自然な時間が過ぎるのですが、私からは口を開きません。沈黙の時間が長く続くと、さすがに私も苦しくなるので「何か話したいことがあるの」と聞きます。生徒は「今は何も話したくありません」。そりゃそうです。だから沈黙。でも、それでいいのです。そのうちにポツリポツリ語りだします。

大人が主導せずに、子どもが自分を開くまで待っていれば、その時間はとても大切なものに変わってきます。そのうちに「言葉」が生まれてくる。社会に出たときに最も必要とされることは何かと問われれば、私は「言葉」だと答えると思います。人は「言葉」を発する前に必ず心をもっていて、その心に合った言葉を発することで行動に移していきます。「言葉」のないところに芽は出ないし、花が咲くこともありません。

大人が待てないと、子ども自身から生まれる「言葉」の芽が失われます。自分の「言葉」で社会を生き抜き、仕事をしていくことはとても大切なことです。

学校文化は、教師が継承する以上に、生徒から生徒へと受け継がれるべきものです。生徒が学校運営を担うためには、生徒自身が自分で意思決定をしなくてはなりません。言葉は人と社会をつなげる橋渡しの役割を果たす道具です。伝えるだけにとどまらず、言葉が人の内面に影響を与える道具として、学校に根づいていくことを待ち続けたいと思うのです。

生徒の主体性を伸ばすために

本校では、生徒は学校運営の経験を通して主体性を育み、自ら進んでさまざまな課題に取り組んでいます。課題が生じても自分とは関係ないと切ることなく、自分事として捉え、仲間と協働して課題を解決していく力をつけていきます。

経済産業省は２００６年に「社会人基礎力」を提唱し、それを「職場や地域社会で多様な人々と仕事をしていくために必要な基礎的な力」と位置づけました。「社会人基礎力」は、「前に踏み出す力」「考え抜く力」「チームで働く力」の三つの能力とそれらを構成する12の能力要素で成立しています。

主体性は、社会人基礎力においては「前に踏み出す力」の一つに位置づけられ「物事に進んで取り組む力」と定義されています。具体例として、「自分がすべきことを見極め、自発的に取り組める」「自分の強みや弱みを把握し、困難なことにも自信をもって取り組める」―「自分なりに判断し、他者に流されず行動できる」などが挙げられます。

主体性は、社会と同質化した経験の場を意識的に学校の中に構築し、学校生活の中で日常的に涵養していくことがとても大切です。自分の考えに基づいて意見を表明する習慣をつけ、自分の意思で判断し、さまざまなことにチャレンジしていく。そのことで、目的に向けて確実に行動する力や、他者に働きかけながら協働していく力を高めていくのです。

いずれ学校は、点数による知識や知能で生徒を判断することなく、正解のない問いに対して深く向き合う知性の質で判断していく場所に変化していくでしょう。学校で過ごすのは生涯の限られた時間です。人生の大半は学校の外の社会で生きていく。だからこそ学校の役割は、社会をリアルに経験する場をつくり、変化する社会に対応できる知性を育てていくことだと思うのです。

生徒の主体性を育てながら、生徒自身が自分の生き方を見つけることができ、何を考えるのではなく、どう考えるのかを引き出す力を大切にしながら、生徒が社会とつながることができる。そうした道標を明確にできる学校でありたいものです。

人権に優しい学校でありたい

生徒一人ひとりの声を傾聴しながら人権を尊重し、多様性を認めながら個性を重んじたい。そして何よりも、生徒一人ひとりが、今この時間を生き生きと過ごすことができる学校をつくっていきたいという想いが、年を追うごとに強くなっています。

学校運営を生徒に移譲するためには、教師自身が生徒一人ひとりの大切さを自覚し、教師が生徒を一人の人間として尊重する姿勢が不可欠です。教師が生徒の人権を尊重する人間関係は学校の基盤です。

人権とは、人間が当たり前に生きる権利のことです。一人の人間が人として当たり前に生きる権利です。生徒が学校の中で当たり前に生きることができない環境があるならば、学校は変わらなくてはなりません。

学校という閉鎖的な空間で人権感覚は育つのか。最近不安になることがあります。教師は過酷な労働環境の中で「人間らしく生きる権利」を失い、論拠のないブラック校則がいまだに蔓延しています。

生徒の尊厳を傷つける教師の言葉や振る舞いがまだ残っているならば、その学校は健全な未来を築けません。学校改革なんて夢のまた夢です。生徒の人権が傷つけられている現状があるのに、力の強い教師が権力を握り、周囲はその教師に遠慮して沈黙する。これは、子ども社会のいじめの構造と何も変わりません。同じことを大人である教師がやっているならば、そんな学校で人権感覚が育つはずがないのです。

私は、「人生とは自分にしかできないことを見つける時間の長さのこと」だと考えています。自分は未来に向けてどう生きていくのか、それを安心して探すことができるよう、学校こそ人権感覚が磨かれた場所であってほしいと思うのです。
「子どもの権利条約(注5)」の内容を知らないと答えた教師が3割に上ったという記事を目にしたことがあります。その割合の大きさに驚かされました。今、改めて「子どもの権利条約」を読み返してみると、今の学校教育の矛盾を浮き彫りにする条文がいくつも見つかりました。

第12条　意見を表す権利
↓私たちは子どもに大人と同じように、一人の人間として声を上げる権利を認めているだろうか。

第31条　休み、遊ぶ権利
↓私たちは子どもに大人と同じように、自由で束縛されない時間を保障しているだろうか。

私たち教師は、生徒一人ひとりを大切にするという意識をもって仕事をしているか。もう一度問い返してみると、自戒を込めて内省せざるを得ません。

・「どうせ無理だよ」と無責任に言い放ち、生徒たちの無限にある希望や夢や可能性を失わせてはいないか。
・「協調性を大切に」と押しつけ、他人と違うやり方で生きようとする生徒たちの個性や多様性をつぶしていないか。
・「起き上がれ、立ち上がれ」と叱咤して、疲弊している生徒たちの休む権利を奪っていないか。
・「校則は守るもの」と根拠のないことを言って、生徒たちの人権だけでなく、人間性そのものも否定していないか。

教師と生徒の関係には相互性が必要です。「教える側と教えられる側」という一元的な関係でなく、私たち教師自身も生徒によって育てられている。そのことに喜びを感じられる教師でありたいと思うのです。相互性は、相手を尊重して理解しようとする人権意識を育てます。教師が生徒との関係に相互性をもてば、生徒を一人の対等な人間として尊重できるようになります。そのことが、生徒を信じて待ちながら、学校運営を生徒に移譲することにつながるのです。

注1：「Society 5.0の実現に向けた教育・人材育成に関する政策パッケージ」＝目指す未来社会像「Society 5.0」を「持続可能性と強靭性を備え、国民の安全と安心を確保するとともに、一人ひとりが多様な幸せ（well-being）を実現できる社会」と定義。これを実現するための政策として、「子供の特性を重視した学びの『時間』と『空間』の多様化」「探究・STEAM教育を社会全体で支えるエコシステムの確立」「文理分断からの脱却・理数系の学びに関するジェンダーギャップの解消」が掲げられている。

注2：「第4期教育振興基本計画」＝「教育振興基本計画」は、教育基本法に基づいて政府が策定する教育に関する総合計画で、5年おきに国の教育政策の目標や施策などを定めている。第4期は2023年度から2027年度における計画（2023年に閣議決定）。計画のコンセプトは「持続可能な社会の創り手の育成」と「日本社会に根差したウェルビーイングの向上」。

注3：必履修科目＝「学習指導要領」では、すべての生徒に履修させる各教科・科目は以下のように定められ、その単位数は定められた標準単位数を下らないこととしている。ただし、生徒の実態を考慮して特に必要がある場合には、「数学Ⅰ」及び「英語コミュニケーションⅠ」については2単位とすることができるが、その他の必履修科目については単位数を減じることはできないとしている。

【必履修科目】国語「現代の国語」「言語文化」、地理歴史「地理総合」「歴史総合」、公民「公共」、数学「数学Ⅰ」、理科「物理基礎」「化学基礎」「生物基礎」「地学基礎」の中から3科目、または「科学と人間生活」と基礎科目1科目、保健体育「体育」「保健」、芸術「音楽Ⅰ」「美術Ⅰ」「工芸Ⅰ」「書道Ⅰ」の中から1科目、外国語「英語コミュニケーションⅠ」、家庭「家庭基礎」「家庭総合」の中から1科目、情報「情報Ⅰ」、総合的な探究の時間

注4：本校が高大連携協定を結んだ大学＝麻布大学、城西大学、城西国際大学、産業能率大学、清泉女子大学地球市民学科（2025年度から地球市民学部に改組）、法政大学、筑波大学、成城大学、昭和

女子大学、フェリス女学院大学。

注5：「子どもの権利条約」＝「児童の権利に関する条約（子どもの権利条約）」は、子どもの基本的人権を国際的に保障するために定められた条約。１９８９年の国連総会で採択され、日本は１９９４年に批准した。18歳未満の人たちを子どもと定義し、すべての子どもたちに、自らが権利をもつ主体であることを保障している。「子どもの権利条約」には、第２次世界大戦中に子どもたちを守ることにその生命をささげたポーランドのユダヤ人医師ヤヌシュ・コルチャックが強い影響を与えたとされている。

column

生徒たちに本校においてどんな学校生活を送ってほしいのか、どんな学びをしてほしいのか、校長としての願いを込めて高等学校の入学式で新入生に贈った式辞を一部ご紹介します。

「2024年度横浜創英高等学校入学式校長式辞（一部を抜粋）」

私は今年で63の歳になりましたが、入学式の記憶がほとんどありません。小学校の入学式は母親と自宅前で撮った写真が残っているので出席はしたのだろうと思います。中学校の入学式は全く記憶がない。高校はあえて行かなかったし、大学は寝坊して式に間に合いませんでした。

こんな調子ですから覚えていないのは当たり前なのですが、でも、高校の入学の時に自分に言い聞かせたことはしっかりと覚えています。高校に入る前は病に伏したこともあって、私はあまり穏やかな気持ちではありませんでした。

その時こう自分に言い聞かせた。「昨日は終わったから過去はもう関係ないでしょう。その一方で未来はまだ来ていないのだから、今の自分にあるのは今日だけでしょ。とりあえず一歩前に踏み出してみようか」って自分に約束したのです。

よく人は「迷っています。悩んでいます」と言うが、都合のいい言葉だなあと思います。だって「迷っている。悩んでいる」と言えば、一歩踏み出さなくていいので。人間どんなに迷って悩んで決めたことでも、決めたこととやめたことの差は大した差ではありませんよ。おそらく51％と49％程度の差です。大事なことは、決めてとりあえず一歩前に踏み出してみることです。

私の人生は失敗だらけでした。中学校2年生の時に病にかかり中学校3年生の1年間は不遇だった。でも、病気にかかったことが失敗なのではなく、病気にかかった自分と向き合わなかったことが失敗でした。そもそも人が困難を越えられないのは、その厳しさや過酷さからではありません。困難を越えられないのは、自分が困難と向き合おうとしないからです。なぜこうなってしまったのか、過去を惜しみ、これからどうなるのだろうと、未来を案じることに力を注いでしまう。

失敗したからといって、それは大したことではありません。失敗から学んでまた挑戦すればいい。雨の後に虹が出ると人々は必ず立ち止まって虹を眺めます。少し前に雨が降っていたことを忘れている。きれいな虹を見たけりゃ、その前のちょっとの雨は我慢できます。人は失敗した時が終わりなのではありません。夢をもつことをあきらめ、努力することをやめた時が終わり。そもそも大人は社会の中で失敗することで多くのことを学んでいます。学校だけが失敗することを許さないのはおかしい。

今日というリセットの日に新たな夢や新たな目標に向けて一歩踏み出してみませんか。人は人生のすべてを一瞬で変えることはできませんが、人生の方向性は一瞬で変えることができます。親が子の可能性を信じるように、学校も生徒の夢や希望や芽を摘むことなく、生徒の可能性を信じていきたいと思います。

人生というのは、自分がこれから描こうとする景色の大きさに一致します。小さい景色しか描けない人は、その狭い幅の人生を歩んでいくことになる。人生で描く景色はできるだけ大きい方がいい。生徒の皆さんが人生の大きな景色を描く礎を築くこと、そのことが私たち横浜創英の役割だと思っています。

特別掲載

新旧校長対談

学校改革の定着に向けて

工藤勇一×本間朋弘

横浜創英中学・高等学校の学校改革を共に進めてきた工藤勇一前校長と、学校改革を定着させるために必要なことは何か、そうした視点でお話ししました。

工藤：本間さんとは、学校改革に関しては、もう数え切れないくらい話し合ってきましたから、改めて話すのはなかなか難しいですね。

本間：そうですね。かなりじっくり話し合ってきましたからね。

工藤さんが横浜創英に校長として赴任されたのは、新型コロナウイルス感染症の最初の緊急事態宣言が出た２０２０年でした。大変な状況でしたね。

工藤：はい。あの「異例」の状況下で、学校の最上位目標は、生徒とその家族、教職員とその家族を守ることでした。そのためにできることを考えた結果が、オンライン授業に移行して生徒の登校を止めること、そして教職員をテレワークに移行させることでした。

本間：うまくいかないことも多かったですが、その教職員の奮闘状況も含めて、ホームページで毎日発信を続けたのを思い出します。

工藤：生徒・保護者と教職員の一体感を築くには、教職員がやっていることを伝えることが大事です。配信を見た生徒や保護者から応援メッセージがたくさん届きましたよね。映像を仕事にされているお父さんが日替わりでホームページ制作を手伝ってくれるようにもなりました。ありのままを共有することで、生徒や保護者たちの当事者意識を高めるんです。

本間：ありましたね、そんなことも。コロナ禍では、学校として教師として色々なことを考えさせられましたが、一番の学びは、失敗を容認することだったと思います。「うまくいかなくて当然」と考えることが教育の原点だと気づかされました。失敗が許される場所だからこそ、子どもは安心して過ごせるんです。「失敗」と思っていても、後から振り返れば成功の糧になっていることもあります。失敗を恐れずに、生き生きと過ごしてほしいものです。

工藤：コロナ禍は、学校の意義を問い直すきっかけになったと思います。学校が子どもの安全・安心を確保する場所として、福祉的役割を果たしていることが明確になりました。一方で、学校がそれまで当たり前にやってきたことが本当に正しかったのか、振り返るきっかけになりました。

本間：そうですね。半年間、対面授業がほとんどできませんでしたから、一定期間授業に出ることを求めてきた履修主義とは何なのか、教科目標に沿って一定の成果を挙げていく修得の意義を考え直すきっかけになりました。それに、対面よりオンライン授業の方が積極的な探究活動をする生徒の姿からは、能力や学習進度などに応じた「個別化」だけでなく、興味・関心や学習方法が異なる一人ひとりにアプローチする「個性化」の意義も考えるようになりました。新しい学校づくりに向けたヒントになりましたね。

工藤：コロナ禍の臨時休業を通して、生徒・保護者と教職員が手を取り合い、新たな教育環境に向けて一歩踏み出しました。感染症拡大が収まったからといって、すべてを元の形に戻すことが良いとは限りません。戻すべきでないこと、良い変化は、守っていかなくてはいけません。

本間：はい。工藤さんがコロナ禍で決断された、オンライン授業・リモートワークへの移行、そしてさまざまな気づきは、コロナ禍以降の本校の働き方改革、学び方改革を大きく進展させましたね。

工藤：改革の枠組みなどについては本文で解説されているでしょうから、詳細については お読みいただくとして……今後も変化・進展していくのでしょうね？　期待しています。

本間：工藤さんには退任後も本校の教育アドバイザーをしていただいていますが、それ以外では、今、どういったお仕事をされているのですか？

工藤：さまざまな学校のアドバイザーを務めたりしています。20代の頃から自分のライフワークとして、日本社会を少しでも良くするっていうことをテーマにしているので、学校教育の先、社会と関わる部分について考えることも多いです。

本間：具体的には？

工藤：内閣府の規制改革推進会議や群馬県非認知教育専門家委員会に委員として参加したり、元サッカー日本代表監督の岡田武史さんが立ち上げたFC今治高等学校里山校などの運営を手伝ったりしています。本間さんはどうですか？　今、学校の様子は？

本間：今年のコラボレーションウィークはちょっと驚きでしたよ。「大口商店街の活性化」というミッションに8チームが取り組んだのですが、30人近くの生徒が商店街にヒアリングに出て行きました。地元大口商店街の発展の歴史を調べ、シャッター街になっている現在の課題がどこにあるのかを整理。その課題を解決するために、商店街の活性化のための方策を構築していました。プレゼン発表の際には、商店街の理事長と中小企業診断士の方を招き、解決策について講評をもらっていましたよ。今は、それをどう実現していくかを検討しているところです。学校の外の世界に出て、社会課題を解決してみようとチャレンジした。本当の意味での自律的な学びですよね。よくやってくれたと思います。学校の外に生徒をどう出していくかというのは、工藤さんが考えてこられたことでもありますよね。

工藤：そうですね。知識偏重ではない、生徒が主体となって、学ぶ目的やプロジェクトのゴールを決めていく教育スタイルを大切にしていました。

本間：「生徒を学校の主体に置くこと」「生徒の学びを社会とつなげること」。この二つの改革の軸はブレさせてはいません。

工藤：横浜創英の生徒たちがどんどん主体的に動き始めているようで嬉しいです。子どもの主体性、当事者意識を育むのは、学校教育の一番の目標ですよね。それはＯＥＣＤ「学びの羅針盤（Learning Compass）２０３０」にも示されています。しかし、日本財団が２０１８年から継続的に行っている「18歳意識調査」の結果を見ると、日本の子どもは主体性、当事者意識が欠けていることが読みとれます。なぜかと言えば、学校が管理教育で、生徒が自分たちの手で学校を変えていくことができないからです。学校・大人が決めた枠の中にしか自由がないから、人のせいにして文句ばかり言うんです。

本間：学校を変えていく権利や学校運営を生徒に渡すと、生徒は変わりますね。自分たちで決めていかなくてはいけないから文句ばかり言っていられません。主体性、当事者意識が育まれます。それに、学校を変えられるんだから、「社会も変えられる」という意識につながっていきます。対立することを嫌がらずに、すべての課題を自分のものとして向き合って解決しようとする。その姿勢は社会で一番必要とされるものだと思います。そうした生徒の主体的な姿を見ることで、教師も自身を伴走者として振り返るようになります。教師が前に出て生徒を引っ張ろうとせず、後ろで支えるようになりました。

工藤：主体性・当事者意識は、生徒に自己決定させなければ育まれません。「自己決定しない生徒は人のせいにするようになるよ」ってことを教師間で共有した結果ですね。

本間：そうした変化が学校に浸透した結果、驚かれるのが体育祭ですね。体育祭では教師が一人もフィールドにいないですから。実行委員が中心になって進めていく。今年度の体育祭も教師は皆遠巻きに見守っているだけで、マイクを握ることもありませんでした。それに、文化祭では前日の職員打ち合わせで、高校3年生の文化祭実行委員長が出席して先生方に当日の注意事項を伝えてくれました。最後に「先生方、改めてここまでのたくさんのサポートをありがとうございました。いよいよ明日から創英祭です。今回は新しい試みも多い中、失敗しないかという不安もあります。でも、新しいことにチャレンジしているからこそ、さらに素晴らしい創英祭になることを信じています。先生方もたくさん楽しんでください」と言ってくれて……。この言葉を笑顔で見守っている先生方もすてきでした。

工藤：学校の雰囲気は変わっていない、むしろより良くなっているみたいですね。嬉しいです。

生徒に主体性・当事者意識を育むために、学校は変わっていかなくてはいけません。しかし、横浜創英のようにうまく学校改革が進んでいる学校ばかりではありません。本書において本間さんも述べられていると思いますが、せっかくうまく進んだ学校改革でも、その後も継続して定着させるのは難しいものです。

本間：教師の異動がある公立学校の場合は特に難しいですね。

工藤：公立は人事異動がつきものですからね。改革の意識の継承・共有が難しいです。そうした状況を解決する方策の一つとして、最近は、自治体単位で全教職員を対象に一度に講演をさせてもらっています。初任者から管理職までの全教員と教育委員会事務局職員、全員です。中には1，000人を超える自治体もあるんですが、オンラインがそれを可能にしたんです。すべての学校がそれぞれの会議室に全教員を集めて、私とオンラインで結んで、リアルタイムで90分ほどの研修を行うわけです。全員が同じ話を聞くことによって、常識とされてきた従来の教育の課題が明確になりますし、今後の教育に必要な本質的な価値観と目標が共有できるようになります。当然、講演後の学校改革はやりやすく、そのスピードも上がっていきます。小学校と中学校の連携という面でも、同じ方向を向いて児童生徒を育むことができるようになりますから、影響は大きいですよね。何より自治体丸ごとですから、たとえ次年度に異動があっても、改革の理念が途切れることはありません。

本間：そうですね。変化が楽しみですね。

私の場合は、コロナ前の知識偏重の一斉授業に戻そうとする動きが一部に見られる中で、学習指導要領にもう一度、立ち返ろうと思っているんです。「資質・能力の三つの柱（知識・技能、思考力・判断力・表現力、学びに向かう力、人間性）」「主体的・対話的で深い学び」とは何だったのか、もう一度問い直す必要があると思っています。

工藤：「資質・能力の三つの柱」に「主体的・対話的で深い学び」ですか。

本間：はい。学びに没頭してより深く理解するためには、社会の本物に触れることが一番です。人生のうち学校で過ごす時間はたかだか20％程度です。残りの80％は社会で生きていく。そう考えると、学校の一番大切な役割は、社会を生き抜くための力を育てるためのカリキュラムをどう構築するかにあると思うのです。それが、本校が今、実行していることです。
工藤さんの場合は、学習指導要領そのものを変えることを考えているのでは？

工藤：僕などの力ではどうにもできないことかもしれませんが、できれば、そうしたいですね。次の、２０２７・２０２８年改訂（予測）の学習指導要領が勝負だと感じています。現行の学習指導要領でも「個別最適な学び」が求められていますが、多くの教育関係者が「個別最適な学び」を単なる「ＩＴを活用した個別指導」のような意味に勘違いしているように感じています。「個別最適な学び」はそもそも、「自分に合った学び方を、試行錯誤の中で自分の力で見つけていくこと」が大切であり、それが大人になったときの学びのスタイルになっていくわけです。教師はその良き支援者でなければなりません。当然ですが、「君の学び方はこれが最適だよ」なんて、独りよがりに押しつけるものではないということです。自分に合った学び方こそが、本当の意味での「個別最適な学び」であり、それこそが本当の意味での効率性です。２０２７・２０２８年改訂（予測）の学習指導要領では、「何を学んで、どう学ぶか」を学習者自身が決める真の個別最適な学びが実現できるようになるといいですね。

本間：個別最適な学びは、指導の個別化と学習の個性化の両方の視点から実現されるべきですね。２０２７・２０２８年改訂（予測）の学習指導要領での真の実現となると、時間があまりありませんね。

工藤：でも、さらに10年後の学習指導要領の時期ではあまりにも遅過ぎます。本当の「個別最適な学び」は子どもの主体性とセットです。今後も主体性を奪いとってしまう従来型の教育を続けていたら、日本という国がさらに弱い国になってしまいます。子どもは国の未来です。未来の日本を創っていく、支えていく子どもたちをどう育んでいくか。覚悟をもって考えていきたいですね。

本間：そのためにも大人自身が変わっていく必要があります。歳を重ねると自分の能力の限界がわかるようになります。その限られた中で仕事を「こなす」ようになりがちです。でも、私たち大人は、常々子どもたちに「学びなさい」と言います。子どもたちにそう言う以上、大人も学び続けなければいけないでしょう。歳をとると可能性は限られますが、可能性とは背伸びのようなものです。本文でも述べましたが、はるか遠くにある夢とは違って、可能性には背伸びをすれば手が届きます。学校改革の可能性を信じて、もう少しだけ、背伸びを続けていこうと思います。

第3章

学校改革を根づかせるために

近年、学校改革の必要性が叫ばれ続けていますが、遅々として進んでいません。なぜ学校改革は進まないのか、どうしたら進められるのか。学校改革を根づかせるためのポイントを解説します。

1　学校の「働き方改革」を進める

なぜ学校の働き方改革が進まないのか

学校改革に本気で取り組むためには、それに先行して、働き方改革を強力に進めていくことが不可欠です。教師の働き方改革に目を閉ざしたまま、学校改革が円滑に進むことはありません。

学校の働き方改革が急務とされているにもかかわらず、円滑に進まない理由はどこにあるのでしょうか。

理由1　組織の硬直化

学校は、社会の変化に対応できるよう、子どもの資質・能力を育てるために、その役割をもう一度捉え直していく必要に迫られています。工業化社会を基盤としてきた年功序列は揺らぎ、それを支えてきた教育構造も大きく変化しています。技術革新や情報化による社会変化は、人間の生活を質的に変化させただけでなく、これからの教育の在り方にも課題を投げかけています。

社会の大きな変化にあって、学校像を新たに構築するためには、過去の理念によってつくられた組織は通用しなくなるかもしれません。今までの組織にこだわり続ければ、未来への展望が見えにくくなります。理念や目標は固定化されやすいもので硬直化しがちです。しかし、現状は常に変化しているのです。

これまでの教育は、比較的安定した社会構造の下にあり、学校組織も「わずかな調整と部分的な改善」を繰り返すだけで、対応することが可能でした。しかし、今はその対応が極めて難しくなっています。社会の変化や未来の予測図を描き、これからの学校が果たす役割を考えながら、どういった組織をつくっていくかを検討していく必要があります。

かつて、教師は自分一人の実践を誇るところがあって、それは職人芸とも呼ばれました。しかし、一人の実践・技能に頼る組織運営は脆弱で、継続性に欠けます。学校改革は限られた一握りの教師の実践・技能で行えるものではありません。組織は、一人ではとても成し遂げられない至大な目標を、個の力を合わせた協働によって達成するためにあります。未来を予測することが困難な時代に、学校としての教育目標をもう一度明確にし、それを体系化できる組織を構築することが求められます。

理由2　労働時間に対する意識の希薄さ

企業に勤務されている民間の方々には驚かれるかもしれませんが、学校教育の現場では勤務時間の管理がほとんどされていませんでした。２０１９年1月に出された中央教育審議会の答申（注1）で、「学校現場においてはまずもって勤務時間管理の徹底を図ることが必要である」として、「ＩＣＴの活用やタイムカードなどにより勤務時間を客観的に把握し、集計するシステムを直ちに構築すること」の必要性が提起されたものの、適切に運用されていない学校も多く残っています。いまだに出退勤の確認を押印による学校も多く、これでは時間を正確に把握することはできません。こうした現状が野放しにされてきたのは、公立学校の教師が「給特法」によって、「教育職員については、時間外勤務手当及び休日勤務手当は、支給しない」（第3条第2項）とされたため、時間外勤務を把握する必要がない風潮が生まれたことも一因でした。

また、教員定数が増えない中でも、限られた人数で業務量をこなしてきたため、教師の仕事量が削減されることもありませんでした。「労働時間を現実的に減らすことは難しい」「どうせ変えることはできない」というあきらめの気持ちが常態化し、さらに、「生徒のために」という気持ちが、勤務時間に対する意識を希薄にしていったのかもしれません。しかし、教師の人生に余裕があってこそ、生徒に多くのことを還元できます。人生と仕事とのバランスを上手に築くためにも、労働時間を計画的にスケジュールできる環境は不可欠です。

理由３　カリキュラム・マネジメントと働き方改革がつながらない

時間外労働の原因の一つとして授業準備の負担が挙げられています。私自身も１時間の授業をつくるためにどれだけの時間を割いてきたことか。教材研究に終わりは見えませんでした。今の教育現場は授業だけにとどまらず、「総合的な探究（学習）の時間」や道徳などの専門領域以外の教育内容や、観点別評価の導入による成績処理など、新しい仕事が増え続けています。

本来、仕事の負担を減らすことで、充実した教材研究の時間を確保すべきなのに、現場の実態は逆の方向にシフトしています。教師は生徒との時間をなるべくもちたい。その時間の柱が授業です。教師にとって授業の準備は喜びの時間であるはずなのに、時間に追われて余裕がない中での教材研究は、結果として教師を苦しめています。

教育課程の精選や授業の効率化は、カリキュラム・マネジメントと働き方改革をつなげる上での優先事項です。高等学校学習指導要領で卒業に必要な修得単位を74単位と定めているにもかかわらず、「全範囲が終わらない」ことを理由に増単を繰り返す学校が多く見られます。３人の教師が同じ範囲を三つのクラスで同時に教えるという極めて非効率な光景も見られます。

第２章で述べた本校中学校の英語授業の改革、これを実行した理由は、教師の働き方改革が先にありました。英検２級をすでにもっている生徒と、アルファベットから始める生徒を一緒にして、一斉授業で教えることは理にかなっていません。教師の授業準備の負担が大きい割には、生徒の反応が優れないものになります。それならば、生徒の個別最適な学びを実現させせながら、教師の授業もより合理的にかつ効率的に展開できないか。それがスタートでした。

「生徒の学びのため」のカリキュラム構築と、「教師のゆとりのため」の働き方改革をつなげることはできないだろうか。教師の仕事の優先事項を考えたときに、最上位に来るべきものは授業です。その一番大切なことが、他の仕事に追いやられるかのような環境は変えなくてはなりません。学校によっては、「教材研究は職場でやるな」と声高に言われる風土もあると聞きます。しかし、教師が授業準備に没頭できるように、仕事を精選していくことは不可欠です。カリキュラム・マネジメントと働き方改革をつなげるためにはどういった手段があるのか、もう一度捉え直してみる必要があります。

学校改革には戦略の共有が必須

学校改革には必ず抵抗がつきまといます。その原因の多くは、改革の戦略が共有されていないことにあります。改革には、戦略の共有を通じて根づく、深い共鳴と納得が必要なのです。戦略を共有するためには、校長の役割はとても重要です。校長は改革の決断をしなくてはなりません。トップが決断をしなくては改革が始まることなどありません。さらに戦略を立案し、その本質を丁寧に語っていく必要があります。戦略とは、時代や社会の潮流を予測した明確な方向性であり、理念でもあります。校長が「こうやるよ」という未来図を描けるかが重要です。

戦略が共有できたら、目標に到るまでの戦術は組織に任せればいいのです。戦術が戦略の真逆をいくようなら「待った」をかけますが、戦略が共有されていれば逆をいくことはまずありません。戦略をどう動かしていくのかは、教師のエンパワーを信じればいいのです。あとは校長自身が、この戦略を断固実行するという強さと、最後は自分が責任をとるという覚悟をもてるかです。

改革を推し進める組織をつくる

組織の状況は、トップダウンで決まる物事が10％くらいで、残りの90％はボトムアップで決まるくらいがちょうどいいと思います。ミドルエイジがボトムアップの要として、リーダーシップを発揮できる組織運営が必要だからです。

学校組織の構造については、階層的なピラミッド構造からフラットな構造に変わらなくてはならないという意見もあります。管理職以外は横一線。でも、そんな組織では改革を進めることはできません。トップが戦略を立て、現場レベルの具体的な戦術はボトムアップで築いていく。横一線を求めるのではなく、ミドルエイジを中心にあらゆる層の教師が相互に結びつくことが理想です。教師の相互性は業務の均分化にもつながります。

学校組織を変えていくためには、まず業務を改善するためのガイドラインを作成し、改善項目を具体的に立てていきます。その上で教師の業務分担を見直しながら、組織全体の効率化と最適化を図っていくことが必要です。業務は硬直化させず、年度ごとの達成目標に合わせて常に改編し、解決すべき課題が生じたときは野放しにせずにスピーディーにプロジェクトチームを立ち上げます。ここで言う「課題」は「問題」とは異なります。問題とは、組織が困惑する厄介なことで、現状に意識があります。課題とは、「何とかしたい」解決すべきことで、意識は先に、未来に向けられているものです。

業務分担においては、教師一人ひとり、自分の背丈よりも少し背伸びしたくらいの、自分にとって少しだけ難しい仕事を選んだ方がいいでしょう。やりがいがあり、その仕事を通じて自分が成長しているという実感をもつことができればモチベーションにもつながります。また、仕事に対して個々が戦略的なマネジメントをもつことも大切です。仕事をスタートから徐々に積み上げていくのではなく、ゴールを明確にしながら中長期的な計画を立てて逆算的な仕事をしていくのです。

充実感をもって働くためには、自分の居場所とやりがいをもつことです。組織が安心できる居場所であり、組織の中でやりがいをもって取り組んでいることが生徒の未来とつながっていること。そうした風土は、個々の力でつくられるものではなく、目標を共有した教師相互の協働の中で生まれるものです。その雰囲気の中でしか組織は元気にならないのです。

さて、働き方改革を進めるためには校内組織が必要になります。本校では、「先進的働き方推進プロジェクトチーム」を発足させ、管理職3人、組合三役を含めた教師7人、法人事務局員3人、事務職員2人を構成メンバーとしました。つまり、業務の異なる15人を選んだのです。組織をつくるときに、どうしても同じ考えをもつ熱心な人たちで組織をつくろうとしがちです。でもその組織では、反対派を巻き込むことが難しく、全体で共有すべき青写真が描けないことにもなりかねません。

新しいことをやろうとする時、誰もが不安になります。「自分は新しい変化についていけるだろうか」「自分の立場が脅かされないだろうか」。そうした不安はつきものです。多様な人たちを改革のプロセスに巻き込むことが、改革に対する当事者性を広げることにつながるのです。

時間管理の徹底なくして働き方改革は進まない

2024年5月、中央教育審議会特別部会は「審議のまとめ」として、教職調整額の率(注2)を現在の4%から少なくとも10%以上とすることが必要であることを示しました。しかし、現行の「給特法」の枠組みが変更されることはありませんでした。その理由として、学校現場で業務をどの程度まで行うかは、教師の裁量制によるところが大きく、業務の正確な峻別は困難であるとの認識が示されました。

また、同じ「審議のまとめ」では、公立小中学校の週当たりの授業時数について、標準授業時数(注3)を大幅に上回っている教育課程を編成している学校に対して、削減を促す方針が示されています。

「給特法」の改正案や授業時数の削減案は、必ずしも現場の教師が納得するものではないかもしれません。しかし、行政が働き方改革の加速化や教師の処遇改善を推進し、必要な施策が実現されていくことは次のステップにつながります。その上で、学校の現場では何ができるでしょうか。

学校の現場で、勤務時間の管理が徹底されていないことは、解消すべき大きな課題です。勤務時間の管理については、教師一人ひとりが労務を念頭にした法律の知識をもつことが求められます。労働基準法は、私学の教師だけでなく、公立学校の教師にも適用される勤務時間管理の基本となるものです。労働基準法が制定された後に、地方公務員法が制定されたため、適用範囲が整理されましたが、労働基準法の条文の多くは公立学校の教師にも適用されます。労働基準法第32条の「一週間について四十時間を超えて、労働させてはならない」「一日について八時間を超えて、労働させてはならない」、あるいは第35条の「毎週少くとも一回の休日を与えなければならない」という規定は、いずれも地方公務員に適用されるものです。

勤務時間の管理は、校長や服務監督権者である教育委員会等に求められる責務になっています。労働安全衛生規則第52条の7の3には、「タイムカードによる記録、パーソナルコンピュータ等の電子計算機の使用時間の記録等の客観的な方法」によって労働時間を管理しなくてはならないと定められています。学校現場で労働時間の管理を徹底するためには、タイムカードやＩＣＴを用いて時間を「見える化」することが急務です。

時間外労働についても、働き方改革法によって労働基準法第36条が改正され、時間外労働は原則として、「一箇月について四十五時間及び一年について三百六十時間」と規定されました。文部科学省が作成した「公立学校の教師の勤務時間の上限に関するガイドライン」の上限にも、同様のことが定められています。時間外労働の削減のためには、2019年の中央教育審議会の答申に示された「基本的には学校以外が担うべき業務」「学校の業務だが、必ずしも教師が担う必要のない業務」「教師の業務だが、負担軽減が可能な業務」（P50図参照）の分類に沿って精選し、適正な業務量が徹底するように、校内で整理していかなくてはなりません。

労務管理ができない職場では、長時間労働を是正することはできません。教師一人ひとりが法的な根拠を明確にもち、労務管理を求める声を上げ、限られた時間に応じた仕事をする意識をもつことが大切です。

本校が進めた4シフト制（第1章参照）の勤務体系は、私学であれば学則と就業規則に変更を加えればできることです。公立学校なら、土曜日に授業を実施して教師の勤務を柔軟に扱うのはどうでしょう。学校教育法施行規則第61条には、土曜日を公立学校の休業日として扱うことが規定されていますが、例外規定として、「ただし、（中略）必要と認める場合は、この限りでない」とあります。土曜日授業の実施と、教師の働き方を絡めて工夫をすれば、勤務のシフト制を実現できるはずです。その実現は、完全週休2日制が名ばかりになっている学校現場を変える一つの道標です。

カリキュラム・マネジメントを負担軽減につなげる

カリキュラム・マネジメントによって、教育課程の精選や効率化を図ることも、働き方改革につながります。

知識の伝達を動画で系統的に網羅できれば、対面の授業では課題解決型や探究型の学習に多くの時間を割くことができます。また、一人の教師がすべての範囲を教えることを求めず、授業の担当を単元や分野で分担すれば、自分の得意な領域で授業ができます。日本史の教師が一人で、古代史から戦後史までのすべてを教える必要があるでしょうか。「古代史」「中世史」「近世史」「近代史」「現代史」という単元で授業を編成すれば、教師は自分の強みでより良い授業を展開できます。カリキュラムの工夫で授業の負担は軽減できるのです。

授業時数の運用についても、特色のある学習活動を構築すれば、その目的に応じて弾力的な単位時間を編成することができるはずです。すでに、「総合的な探究（学習）の時間」では、1単位時間を学習活動に応じて柔軟に設定し、年間計画によって毎週授業が行われる時期もあれば、ある時期に集中的に実施することもあります。集中的に実施された授業については、実態に合わせた授業時数で運用されるはずです。授業時数が不必要に増大しないよう、見通しをもって年間指導計画を策定することが、教師の授業に対する負担を減らすことにつながります。

「できない、やれない」理由を見つけようとせず、困難であっても「できる、やる」ための努力をする。「できない、やれない」という言葉は、実際にチャレンジしてみて、それでもできなかった経験のある人が使う言葉です。カリキュラム・マネジメントを働き方改革につなげるために、授業の負担を減らす思い切った棚卸しをしてみましょう。

スピード感のない改革は頓挫する

働き方改革にはスピード感が必要です。スピード感のない改革には、目標である戦略、目標に到るまでの戦術、そして改革を断固実行しようとする覚悟がありません。最上位目標が定まったら、できるだけスピーディーに目標に向けて動きだす。遅れれば遅れた分だけ、組織の進化や根気、パワーは鈍ります。抵抗する声が強くなる負荷もついてくるかもしれません。

かつての産業界は、学校で学んだ知識・技能を有能に使いこなす人材によって支えられてきました。しかし、経済の成長期が終わり、社会での仕事や求められる能力が多様になった現在、社会に輩出する人材を育てるという点で、学校は影響力を失いつつあります。

これからの学校は、生徒たちを同質化して同じ鋳型に押し込めるのではなく、一人ひとりが自分にしかない輝いた個性を見つける場に変わるべきです。社会に出たときに必要な経験を、学校がどれだけ提供できるか。それを目標にした学校改革をスピード感をもって実行していく必要があります。そうした学校改革を推進していくためにも、働き方改革は急務です。

2　学校の「学び方改革」を進める

なぜ学校の学び方改革が進まないのか

社会の大きな変化に対応して、新たな教育改革が必要であると叫ばれて久しくなります。日本の工業化社会を支えてきたのはまさに学校教育であり、正確で多量な知識を駆使して、定められた正解を迅速に解く能力を学校は育ててきました。しかし、グローバル化やＡＩの進展によって、社会は複雑化・スピード化し、先を見通すことが極めて困難になっています。このことは、子どもたちが社会で就く職業の在り方にも大きな影響を与え、将来、子どもたちの65％が現在存在していない職業に就くという予測や、今後10年から20年の間に、現在ある仕事の半数近くが自動化されるという予測もあります（注4）。

そうした時代を生き抜く子どもたちのために、知識偏重型の学校教育から脱却し、社会変化に対応した新しい資質・能力を育てることが求められてきました。学校の意義をもう一度捉え直し、学び方改革に取り組んでいくことが急務とされているにもかかわらず、円滑に進まない理由はどこにあるのでしょうか。

理由1　学び方改革に対する腹落ちの欠如

新型コロナウイルス感染症拡大は、学校の意義を問い直すきっかけになりました。２０２０年度の『文部科学白書』では新型コロナウイルス感染症への対応がまとめられ、臨時休業となった学校について、「人と安全・安心につながることができる居場所・セーフティネットとして身体的、精神的な健康を保障するという福祉的な役割をも担っていることが再認識されました」と明記されました。学校が福祉的役割を果たしていることについては、社会でも一定の共有がされたかと思います。

その一方で、学校が今まで当たり前にやってきたことが本当に正しかったのか、そのことを問い直すきっかけにもなりました。例えば、Zoomの機能を知ったことで、猛暑や極寒の中で生徒を体育館にわざわざ集めることに違和感を覚えるようになりました。時差登校の実施を通して、私学では、特にこの前まで小学生であった中学1年生が満員電車に揺られて登校することのしんどさについて改めて考えさせられました。

授業の在り方についても同様です。緊急事態宣言により生徒の登校が止まった時、学校は、教師の指示がなくても生徒が主体的に学習に取り組めるように策を凝らしたはずです。生徒が自律して学習を行えるように教材を工夫し、オンライン学習のプログラムも構築してきました。その根底には、生徒が自ら学ぶ資質を備えていることを信じて、学びの多くを生徒に委ねた教師の強い想いがありました。教師はいい意味で「生徒離れ」をしながら、生徒の自律した学びを信じ続けたと思うのです。

また、1年のうち半年以上も対面授業がなくなったことで、教育課程を一定年限の間で履修することを求める履修主義について考えさせられはしなかったでしょうか。授業の3分の2以上出席しなければ単位を与えないという法的根拠はどこにあるのか。履修主義に重きを置いた在り方から、教科の目標に沿って一定の成果を期待する修得主義の意義を問い直すきっかけになったのではないかと思います。

さらに、分散登校のため少人数となった授業では、生徒一人ひとりと密に関わることができたのではないでしょうか。オンライン授業では、対面授業より積極的な姿勢を見せる生徒がいることに気づいたりはしなかったでしょうか。これまでも、私たち教師は生徒の能力に応じて、教育内容や進度を多様化する努力はしてきたと思います。しかし、生徒一人ひとりの興味・関心や学習方法が違うことに留意し、個々の内面にアプローチしていくことには関心が薄かったのではないでしょうか。そうした部分に関する気づきは、新しい学び方を考えるヒントになったはずです。

私たち教師はコロナ禍にあっても、生徒たちの学びを保護者と一緒になって支えてきました。社会の変化に応じて学びを変えるという、これまで十分に達成できなかったことに取り組んできたと言えます。それは、生徒の主体性と多様性を大切なものとして捉え、社会とつながる学びをつくることでもあったのではないでしょうか。学校の学びは本来どうあるべきなのか、持続可能な社会を生き抜く力を育てるために学校はどうあるべきなのか。そのことを真摯に考えるきっかけになったと思います。

しかし今、コロナ禍で一気に進んだ学び方改革を異例の別物として捉え、授業形態を知識偏重の一斉授業に戻そうとする動きが一部に生じています。そうした動きを見ると、社会の変化に応じて学び方を変えていく必要があるということを納得し切れていないのだろうと感じます。自戒を込めて言えば、教師には、どこか変化を嫌うところがあります。しかし、変化を求めることをせずに、無意識に継続してきた授業形態が本当に良いものであったのか、もう一度自省してみる必要があるのではないでしょうか。平成29・30年版学習指導要領の前文に示されたように、一人ひとりの子どもが「自分のよさや可能性を認識するとともに、あらゆる他者を価値のある存在として尊重し、多様な人々と協働しながら様々な社会的変化を乗り越え、豊かな人生を切り拓き、持続可能な社会の創り手」になるよう、学校はコロナ禍で進んだ学び方改革を設計し、実践する動きを止めてはならないと思うのです。

理由2　学び方改革の負担論

「個別最適な学び」「探究・ＳＴＥＡＭ教育」などの新しい学びの要素が出て来ると、教師の「負担が増える」という声が必ず大きくなります。それはよくわかるのです。新しい教育内容や教育技術になかなかついていけない。変化に押しつぶされそうになる不安の中で、頑なに自分の型を押し通そうとする人もいます。

でも思い起こせば、学習指導要領の改訂のたびに学びの変革はありました。その都度、私たち教師はその変化を受け入れ、自分なりの変革を考え続けてきたはずです。

平成20・21年版学習指導要領では、子どもたちの「生きる力」の育成が重視され、学力の三要素から成る「確かな学力」をバランスよく育てる目標が明確にされました。

平成29・30年版学習指導要領は、資質・能力について、実際の社会で必要な「知識・技能」、未知の状況に対応できる「思考力・判断力・表現力等」、学びを人生や社会に活かそうとする「学びに向かう力、人間性等」の三つの柱で整理しました。その力を育てるために、「主体的・対話的で深い学び」の視点から「どのように学ぶか」を重視した授業改善が求められました。

学びの主語を生徒においたとき、教師が「何を教えるか」というところから、生徒が「何ができるようになるか」まで、学びを進展させることが大切になってきます。学びを深めるために、生徒自身が考える場面を主眼とした上で、教師が教える場面をどのように組み立てていくのか。授業における主体が生徒に変われば、教師の役割は生徒の主体的な学びを支える伴走者へと変化していきます。このことを共有していれば、自ずと授業の準備の仕方は変わるはずです。教師による一斉授業が求められた時代であれば、一定のレベルを維持した質の高い授業をつくるために、教師は必死に教材研究に時間を注いでいました。でも、生徒主体の授業に変われば、一人の教師が授業のすべてを担う構造は変わっていきます。

生徒の学び方と教師の教え方は同じベクトルでなくてはなりません。学びが生徒主体に変わっていくならば、教師の教え方も「Teaching」から「Coaching」に変えていく。そうした変化を皆で楽しみながら一緒に考えていく風土ができれば、変化に対する負担は軽減されていくはずです。

理由3　カリキュラム・マネジメントが機能していない

平成30年版高等学校学習指導要領第1章第1款には、カリキュラム・マネジメントの実現に資するため、以下の点に努めることが重要であると明記されています。
「教育の目的や目標の実現に必要な教育の内容等を教科等横断的な視点で組み立てていくこと、教育課程の実施状況を評価してその改善を図っていくこと、教育課程の実施に必要な人的又は物的な体制を確保する」

カリキュラム・マネジメントとは、学校の教育目標を達成するために、カリキュラムを動かしながら学校の課題を解決していく継続的かつ発展的な営みです。教師は授業に軸足を置き、生徒に確かな学力を育てる支援に時間を割きたいのです。しかし、教師の仕事は多忙化を極め、授業の準備に十分な時間をとれなくなっています。学習指導要領に示されたカリキュラム・マネジメントの構築は、そうした教師の悩みを解消することにつながるかもしれません。

そもそも学校の現場でカリキュラム・マネジメントが機能してこなかった理由はどこに

あるのでしょうか。一つ目は、学校現場がＰＤＣＡのサイクルを実践してこなかったことにあります。教育目標を達成するためのカリキュラムを計画的に実践し、評価に基づいて修正していくことをしていたでしょうか。社会で求められる資質・能力を育てるための学校目標を構築し、その目標に沿った教育内容や授業形態を共有する。そして、カリキュラムを動かしながらも、課題が生じたらすぐに修正をしていく。そうした連続性や向上性を、組織として問い直していく必要があります。

二つ目は、カリキュラムの捉え方です。これまでは授業の時数や教室配置、時間割などの諸条件を整備することに重きを置いていたように思います。教育目標や教育内容の連関性や協働性を確保できなかったため、参画の機会がそれぞれの担当部署にとどまり、組織全体の当事者性が高められなかったのです。

三つ目には、カリキュラム・マネジメントを営むために最も重要な要素であるはずの、「ヒト」と「モノ」を整備することに対する意識の低さが挙げられます。カリキュラム・マネジメントは、人と物を通して、生徒のためにできる限りの教育的なパフォーマンスをすることです。生徒の現状を見てうまくいっていなければ、環境や条件を改善しなくてはなりません。

カリキュラム・マネジメントを実現させるためには、次のことが必要です。

・教育目標が共有されていること
・その目標を達成するための教育課程が確立していること
・授業形態の基本的な考え方が統一されていること
・授業以外の教育活動にも教育目標が反映されていること
・教育活動全体が教科横断的な考え方も含めて束ねられていること
・教育目標が達成されているか検証する組織が成立していること
・人的・物的資源などの諸条件を整備する環境が整えられていること

教師が個々の力で新しい学び方改革に取り組むことは、とても難しいことです。カリキュラム・マネジメントのサイクルを進めることで、みんなで学校教育の礎を築こうとする風土が少しずつ根づいていくはずです。

新しい学びをデザインする

ＡＩの普及は学校の在り方を大きく変え、知識伝達の多くはＡＩが担っていくことになるでしょう。これからの学校は知識伝達と課題解決の区分を明確にしていくことが求められます。知識の伝達だけに終始する授業は、最低限にとどめたらいいと思うのです。知識の吸収は、動画学習等を活用した自学を軸にし、生徒の自律に委ねることもできます。知識の吸収を動画学習として系統化できれば、対面の授業は課題解決や探究型の学習に大きくシフトしていきます。

知識吸収を生徒の自律に委ねる論を構えると、「学習習慣が定着してない生徒の対応はどうしますか」「学習進度の二極化が生じて困ります」などの声が上がることがあります。でも、それは学校の姿勢によるものだと思うのです。自ら学ぶ姿勢を育てているか、自学を支援する態勢を整えているか、その議論を抜きにして学習の自律を語ることはできません。

本校の授業形態は、生徒自身が自分の意志で学び方を選択しています。教師から教わる部屋もあれば、対話を通して学ぶ部屋もあります。個を尊重した学びもできるし、社会から学ぶことも可能です。そうした「個別最適な学び」の習慣化は、自分の力で学ぶ意欲を高め、学ぶ質を高めることにつながっていきます。

実業家の孫泰蔵さんは『冒険の書　ＡＩ時代のアンラーニング』（日経ＢＰ）の中で、「もしなんにも制約がなかったら、どんなふうに学べるのがいちばんいいか？」という問いを立て、その答えとして次のように記しています。

「ひとつの学校に縛られるのではなく、いろんな学校で好きなように学べたらいいんじゃないか。それも学校単位じゃなくて、あの先生のこのクラス、この内容、という細かい単位で選べたほうがいいんじゃないか。もっと言うなら、学びたいものや人がいちばん集まっている最前線の『現場』や、探究者がいちばん集まっている『本場』で学べたほうがいいに決まってる。そう思うのです。……また、学びの形もひとつである必要もまったくない」

学校は、学校の枠組みの中で学びを完結しなければならないと考えてしまいがちです。教師も、学びを授業内で完結しようとする。しかし、学びは、社会の本物に触れることが一番いいのです。美味しいケーキをつくりたければ、美味しいケーキをまず食べることから始めるのと一緒です。高大連携や産学連携を進めていく意義は、学校の授業で得た深い学びを根にしながら、社会との接点を通して多くの経験をし、自分の将来の見通しを可視化することにあります。

平成30年版高等学習指導要領解説【総則編】第5章に記されている「学校外における学修等の単位認定」の活用は、新しい学びをデザインする上で多くの示唆をもらえます。「学校間連携による単位認定」を活用すれば、自分の学校には設定されていない他校の専門科目や学校設定科目を履修することができます。テクノロジーを学ぶための研究所や農業などの就業体験、汚染地域でのボランティア活動などを「ボランティア活動等の単位認定」として認定すれば、技術開発や食文化、環境問題などに対する関心を強めるかもしれません。本校では、「技能審査の成果の単位認定」を英語の評価につなげることを検討しています。校内で全員受験を実施している実用英語技能検定（英検）や受験を推奨しているTOEFL®・TOEIC®などの級やスコアを、学年ごとに段階化して評価につなげていくのです。

教育課程の編成権は学校にあり、学校は学びを主体的かつ多角的にデザインすることができます。学びを生徒主体の視点で再構成し、高い課題解決力を備えた生徒に育て上げることを主眼にして授業を変えていく。また、深い学びを社会に活かしていくためには、汎用性の高い社会に存在する本物と触れ合う機会をカリキュラムに位置づけていくことが求められるのです。

学びを生徒主体に移譲し、社会とつなげる教育課程の編成

平成29・30年版学習指導要領では、「社会に開かれた教育課程」実現の重要性について、

以下のように示されました。
「教育課程を通して、これからの時代に求められる教育を実現していくためには、よりよい学校教育を通してよりよい社会を創るという理念を学校と社会とが共有し、それぞれの学校において、必要な学習内容をどのように学び、どのような資質・能力を身に付けられるようにするのかを教育課程において明確にしながら、社会との連携及び協働によりその実現を図っていくという、社会に開かれた教育課程の実現が重要となる」

変化の激しい時代を生きていく子どもたちのために、社会で必要な資質・能力を明確にした上で、社会とつながる学びを実現していくことが求められているのです。次期学習指導要領でも、子ども一人ひとりが社会で自律して生きるための「生きる力」の理念をより具体にし、それを教育課程全体で育成していくことが求められるでしょう。教科間の関連を図ることや教科を超えた横断的な視点をもつことなど、教育目標を実現するための工夫や実践に早くから取り組むことが求められるはずです。本校では以下の手順で教育課程の編成を進めました。

手順1　教育課程の編成を進める上での学校の最上位目標の明確化

「どのような学校を創っていくのか」。教育課程を編成する際、そのことを明確にしなければ、教師が一つになって学校の未来像に向けての歩みを共にすることはできません。本校では、教育課程編成の最上位目標として、以下を掲げました。

「生徒の当事者意識を育てながら学びを生徒主体に移譲し、実学的な学びで生徒と社会をつなげながら社会に貢献できる人材を育てる」

手順2　教育課程編成のスケジュールと編成組織の決定

教育課程の編成には、学校が組織的に取り組む必要があり、そのプロジェクトを進める組織を立ち上げなくてはなりません。組織形態は各学校によって異なると思いますが、その組織は、スケジュール管理をしながら、教科と学校全体をつなげて方針を具体化していかなくてはなりません。

本校では、中高一貫のサイエンスコースの生徒が高等学校に進学するタイミングであり、高等学校にグローバルコースを新設するタイミングでもある2025年度に、新しい教育課程をスタートさせることにしました。そこで、2023年1月に学び方改革プロジェクトチームを発足させ、新教育課程の完成を2年後の2024年12月とする作業日程を明確にしました。その後の具体的な編成経過は以下の通りです。

2023年3月　教育課程編成の最上位目標を確定

7月　教育課程上の必修科目の学年配置と単位数等を確定
12月　各教科における自由選択科目の内容と学年配置、異学年授業の有無を確定させ、教育課程の編成を終了
２０２４年5月　自由選択科目の組み合わせ及び時間割の型を確定
12月　各教科の科目の内容・教材・授業形態・評価等を確定

手順３　最上位目標を具現化するための教育課程上の工夫
第2章でも紹介しましたが、学びを生徒主体に移譲し、生徒と社会をつなげる教育課程を編成するために、本校では、次のような自由選択制の拡大と学年制の柔軟な運用を柱としました。また、第2章でお話しした実学・探究・異学年・教科横断の要素を入れた教科外活動を整備し、カリキュラム全体の充実を図りました。
①単位の半期認定による自由選択制の拡大
自由選択科目を大幅に拡張することで、生徒が主体的に学びを選択し、個々の特性に応じた教育に転換させることとしました。その手段として、前期・後期の2期制をとって半期ごとに単位を認定することとし、必履修科目で継続性のあるものは、高校1年前期の早い段階に設置。また、自由選択科目を履修する機会を増やすためには各科目の単

位数を減らすことが必要であると考え、教科の内容を精選し、各科目は原則として標準単位以上の単位を置かないこととしています。

②同一学年の関係性を外した新たな授業形態

学校と社会を同質化するために、教科の本質や教科で育てるべき能力を問い直し、同一学年の関係性を外した授業を展開することとしました。学年を超えた多様な個性と触れ合うことで、自己の強みや主体的な考えを育んでほしいと考えたのです。時間割については、1学年は主に必履修科目で編成、3学年後期は進路実現を目標とする科目で編成されるため、学年ごとの編成になりますが、それ以外の半期は異学年で授業を構成する編成を行うこととしています。

③学校外における学修の単位認定

高大連携における科目等履修生、研究生、聴講生としての学修については、「学校外における学修」として履修と見なし、単位の修得を認めることとしました。また、技能審査の成果の単位認定やボランティア活動等の単位認定も積極的に行い、学校を軸としながら学校外の学びを積極的に取り入れることとしています。

手順4　教育課程編成の基本となる学び方の軸を決定

子どもがこれからの変革の時代を生き抜くためには、社会課題を解決しながら新しい価値を創造していく能力が必要とされます。その能力を育成するために、本校では、以下の三つの視点を学び方の転換の軸としました。

①画一的な教育から脱却して個を軸とした学び方への転換
②実社会とつながる実学を軸とした学び方への転換
③課題解決力を会得するための探究型を軸とした学び方への転換

生徒の興味・関心・進路の方向に応じた最適な学びにするためには、①のように個性化を軸とした学びに転換することが必要です。学び方を教師が整えるのではなく、生徒自身が選択できる真の「個別最適な学び」へ転換することにしました。

そして、社会に貢献する力を育てるためには、②のような学び方に転換し、実際に役に立つ思考力あるいは創造力を身につけることが必要です。さまざまな体験や研究を通して課題を発見し、現実の課題解決に転移させるために、社会の本物に限りなく近づけた学びに転換することとしました。

社会課題の解決方法を考える経験を重ねることで、生徒の主体性が引き出され、社会の中で活きる課題解決力が育てられます。そのために、③のように一方的な知識詰め込み型の一斉授業から探究型授業への転換を図り、生徒が課題を考え、正解を追究することで新しい価値を創造し、それを言語化して社会に発信する学びに転換することとしました。

学校が主体となったカリキュラムの構築

今後、特に高校は、一定の年齢ごとに学習内容を提供していく履修主義の要素を残しながらも、個々の学習成果に重きを置く修得主義に緩やかに変化していくことになると思います。なぜならば、生徒一人ひとりの成長のスピードや学習状況、多様性や個性の違いを考えたときに、個に応じた効果的な対応が必然であるからです。２０２１年１月に出された答申（注５）では、「子供一人一人の特性や学習進度、学習到達度等に応じ、指導方法・教材や学習時間等の柔軟な提供・設定を行う」とした「指導の個別化」が示されました。また、「子供の興味・関心・キャリア形成の方向性等に応じ、（中略）教師が子供一人一人に応じた学習活動や学習課題に取り組む機会を提供することで、子供自身が学習が最適となるよう調整」する「学習の個性化」の必要性にも言及しています。

個々の興味・関心に応じた学びの実現に向けて、生徒が自らに適した学習方法で学びを実現できるよう、教師が支援を工夫していくことになります。「個別最適な学び」の実現のために個に応じた教師の支援が軸になれば、一定の期間に一律に教育を行う履修主義から、個々の学びの成果を重視する修得主義に視点を変えてみることに、教師はもっと寛容にならなくてはなりません。

履修主義と修得主義とを組み合わせた基準として、高等学校では原級留置の制度が運用されています。本校では教務基準を改訂し、実質的に原級留置を廃止しました。従来の原級留置規定を変更し、「学習指導要領で定められている卒業までに修得すべき74単位を満たすこと」のみを卒業要件としました。また、その見通しが立つことが唯一の進級要件です。

その結果、進級や卒業を巡る担任と生徒との不要なトラブルはなくなっています。進級の際には、校長面談で「創英で学びたい」という生徒の意思が確認されます。履修が不十分であっても、その意思が確認され、卒業まで74単位が修得できる見通しが立てば進級できる制度です。

校長面談の場面において、「創英で学びたい」という1度目の自己決定が行われますが、進級した生徒の中には、その後進路を変える者がいます。「創英で学びたい」という自己決定をしたものの、自分自身ともう一度向き合ったときに「学ぶ場所は別のところにある」という2度目の自己決定をする生徒です。そうした2度目の自己決定をした生徒は、笑顔で本校を去り、新しい自分の世界に向かっていきます。学校を辞めて起業する者や海外の学校に進む者、「高等学校卒業程度認定試験」を受験する者もいます。学校は社会に出るまでの一つの手段にしかすぎません。「不登校」の解消のためにも、今まで述べてきた「個別最適な学び」の確立と、進級・卒業に関わる重圧を取り除いてあげることは不可欠だと思うのです。

学びを生徒主体に移譲するためにも、標準単位数を大きく上回る教育課程の編成を大胆にやめていく発想は必要です。例えば、「日本史探究」の標準単位数が3単位であるのにもかかわらず、全時代を網羅するために、「日本史探究」の単位を増単し、さらに学校設定科目を設置している学校も多いのではないでしょうか。全範囲を網羅する視点ではなく、標準単位数の中で内容を精選し、対面の授業では深い学びを根にした課題解決的な学びを中心とする。そして、知識の定着は、動画学習などによる生徒主体の学びに委ねながら支援していく。ＩＣＴの活用によって、学校の空き時間や家庭での学習の支援も容易になったはずです。対面授業の主眼が課題解決的な学びに焦点化されれば、カリキュラムの構成も大きく変わってきます。複数年度を見越した単元のまとまりに重きを置いた授業設定や、教科横断、異学年の視点からカリキュラムを再構成することも可能になってきます。

注1：2019年の中央教育審議会の答申＝「新しい時代の教育に向けた持続可能な学校指導・運営体制の構築のための学校における働き方改革に関する総合的な方策について（答申）」。

注2：教職調整額の率＝2024年5月に出された「審議のまとめ」（＝「『令和の日本型学校教育』を担う質の高い教師の確保のための環境整備に関する総合的な方策について（審議のまとめ）」）は、「教師の職務等の特殊性を踏まえ本給相当として支給される教職調整額の率については、現在の4％を少なくとも10％以上とすることが必要であり、その水準を目指していくべきである」と提言した。

注3：標準授業時数＝同「審議のまとめ」は、「標準授業時数を大幅に上回って（年間1,086単位時間以上）いる教育課程を編成している学校は、まずは、自ら見直すことを前提に点検を行い、指導体制や教育課程の編成の工夫・改善等により、指導体制に見合った計画とする必要がある」と提言した。

注4：今後の職業の予測＝2011年、アメリカのデューク大学の研究者であるキャシー・デビッドソンは、ニューヨークタイムズ紙インタビューで「2011年度にアメリカの小学校に入学した子どもたちの65％は、大学卒業時に今は存在していない職業に就くだろう」というコメントを発表した。また、2015年には、野村総合研究所とオックスフォード大学の共同研究として、「日本の労働人口の約49％の仕事が10－20年後に人工知能やロボット等で代替可能になる」というレポートが発表された。

注5：2021年1月に出された答申＝中央教育審議会『「令和の日本型学校教育」の構築を目指して～全ての子供たちの可能性を引き出す、個別最適な学びと、協働的な学びの実現～（答申）』。この答申では、「個別最適な学び」について、「指導の個別化」と「学習の個性化」とに整理し、児童生徒が自己調整しながら学習を進めていくことができるよう指導することの重要性が指摘された。

終章

学校改革への想い

学校は社会の変化に応じて変わっていかなくてはいけません。変化し続けること。変化する風土を根づかせること、それが未来を生きる子どもたちのためです。

1　子どもに1番を求めない

私は学校がとても苦手な子どもでした。中学校3年生の時は病を理由にしてあまり学校に行かなかったし、高校に入学した時に唯一決めたことは「いかに遅く学校に行って、いかに早く学校から帰るか」です。そもそも人の話を「50分間黙って聞いている」なんてことは、当時の私には耐えられないことで、「行ってきます」と家を出ながら、学校には行かず図書館に行くことは当たり前でした。しかし、学校をサボって図書館で一日中本を読んでいる時間は、未知の世界を広げてくれたし、行きたい場所を探してくれました。そんな私が教師になってしまって恐縮の極みですが、あの頃の私は、今であれば「不登校」という区分になるのかもしれません。でも、私は極めて元気でした。学校とは違う世界を自ら選んでいただけのことで、生き方をゆっくり探していた時間は心穏やかだったのです。

当時、こんな私に教師は何も言わなかったし、放っておかれることがとても楽でした。今振り返ると、教師から教えられたことはあまり覚えていませんが、教師が私を静かに見守っていた雰囲気だけは覚えています。教育を受ける権利を与えられている一方で、休む権利も認めてもらっていたことの心地良さがありました。

そもそも、「不登校」の原因が子ども自身にあるとは言い切れません。原因の本質は、今の学校の画一的な教育の仕組みにあって、その教育環境に子どもたちが悲鳴を上げつつあります。

本校が今進めているカリキュラム改革の大きな柱は、学びを生徒主体に移譲することにあります。そうなれば、学校は生徒たちにとって居心地の良い場所に変われるのではないかと思うのです。

私は２０２５年の1月に64歳になりましたが、人生を振り返ると、今までに1番をとったことが一度もありません。いつも2番目、いや3番目あるいは4番目であったかもしれません。そのことが劣等感となり、小さなプライドとの狭間で揺れたこともありました。「せめて自分くらい自分を褒めなさい」とか「自分の味方になれるのは自分だけ」とか言われますけれど、自分の力で劣等感を打ち消すのはとても難しいものです。そこで、とりあえず劣等感を否定せず、小さなプライドの方を捨ててみました。1番をとれたら幸せになれるんだろうなと考えていた時期は苦しいことが多かったですが、プライドを捨て、1番になれなくてもたくさんの幸せを見つけられるようになると、いろんな選択肢が見えてきて楽になりました。

大人は子どもに1番をとりなさいと言いがちですが、多くの大人が、自分自身は1番をとった経験がないのではないでしょうか。そのことを思い返して、2番目や3番目を認めてあげれば、子どもは楽になるのにと思います。

学校も、1番ばかり求めず、失敗も認める場所でありたいと思うのです。社会に出た大人は失敗から多くのことを学んでいるはずなのに、学校はなぜか生徒の失敗に冷たいように感じます。失敗が許される場所であれば、生徒は安心して自分の可能性を追い続けることができます。

そもそも、「失敗」って何でしょうか。私にも「もうおしまいだ！」と思うような失敗が何回もありましたが、3日もたてば失敗なんて忘れていました。自分では失敗に見えることも、後から振り返ると成功の糧になっていたりもします。結局人生を長い目で見たときに、失敗も成功もないんです。人生の最後の瞬間まで、何が失敗で何が成功かはわかりません。

とはいえ、私自身も長く受験指導に携わり、1番をとること、とらせることにこだわっていました。自分が担当する日本史の授業やクラスで自分の創意を実践し、生徒たちがセンター試験（当時）で高い平均点をマークしたのを見て十分に満足してしまっていました。参考書もたくさん書いて自分のスキルを流布したりもしました。どうも教師というのは、自分一人の力で達成することにやりがいを抱く傾向があるようです。

でも一人で達成したことの満足感は、独り善がりで極めて感覚的で長続きをしないものです。合理的で息の長い目的を達成させるためには、複数の人が連携しながら協働する相互関係が不可欠です。組織全体の連携と協働と共有がなければ、学校改革は不可能に近いのです。

2　教師の願い

生徒の学びを支えるためには、教師の生活が穏やかでなくてはなりません。教師は、生徒の成長を願いながら、やりがいをもって楽しく仕事を続けていくために、次のようなことを願っているものだと思っています。

●教師は、親や地域や社会と一緒に生徒を支えることを願っています。

教師は、生徒の生き方のすべてを担うことはできません。生徒の発達段階に合わせて、その成長の支援をしているのです。私たちにできることは、実はかなり限られています。でも、親や地域や社会と一緒になって生徒を支えることができれば、教師は、生徒の成長のために、生き生きと楽しく仕事を続けることができます。

●教師は、信じる気持ちを大切にすることを願っています。

教師は、生徒を管理し、コントロール下に置くことを望んでいません。教師にとって、生徒とぶつかることはとてもつらいことです。学校には、相手を信じる気持ちがあふれる穏やかな環境がとても大切です。校則に対する社会の人権意識も大きく変わってきました。生徒に学校運営の多くを移譲し、校則を少しずつ減らすことができれば、教師は、信じる行為を触媒にして穏やかに仕事を続けることができます。

●教師は、生徒の未来を描くために、社会とつながる学びを築くことを願っています。

教師は生徒に常に「これはなぜか」という問いかけをしたいのです。生徒が問いに対して能動的になっている姿を見ることは、教師にとってかけがえのない時間です。学びを教師主導から生徒主体に変えたいのです。これからの正解のない時代を生徒たちが生き抜いていくためには、自分で考えて行動できる力が必要になります。学校の学びは、社会とつながるリアルなものでなければなりません。その方向性が共有できれば、生徒たちの確かな未来を築くために、社会とつながる学びをつくり続けることができます。

●教師は、互いの能力を認め合いながら補い合って仕事をすることを願っています。

教師は、スペシャリストでも何でもありません。何でもできる完璧な存在ではありません。できないこともたくさんあります。時には人の手を借り、行き詰まったら休むことがあっていいのです。オールマイティーに仕事をすることを自分に課していると、苦しくなります。互いの能力を認め合い、各自が自分の強みや好きなことを活かして、補い合って仕事をする。職場としての学校に、そうした風土がつくられれば、教師は、自信をもって生徒と向き合うことができます。

3　学校改革を継承していくということ―おわりに―

学校改革を進めるとき、従来から学校に根づいてきた「型」を継承すること、その一方で「型」を破る革新を起こすこと、その両方のバランスをとっていくことはとても大切なことです。

「型」を破らなければ、新しい時代に対応した学校組織をつくることはできません。「型」を破るには、大変なエネルギーが伴うかもしれません。でも、それは一人で闘っているからつらいのであって、「横につながる」人たちと一緒なら希望をもち続けることができます。すべての改革は、一人ひとりの教師が自分の理想を掲げ、それを横に働きかけることで進んでいきます。今の自分にはさほど力がないと思っていても、「誰かと一緒に」とか「誰かのため」であれば、使う力は意外と大きくなっていたりするのです。

自分に変化を与えるのはとても難しいことです。でも、大きな変化が生じる時には必ず誰かがいます。人との出会いは偶然の産物なのでしょうが、適切な時に適切な人と出会えるものです。私が神奈川県の公立学校から私学である本校に移ってきた時の変化は、場所が変わっただけで、進学体制を構築するというそれまでの自分の生き方の延長戦にすぎませんでした。自分の生き方の方向性を変えてくれたのは間違いなく前校長の工藤勇一さんであったと思います。人生の方向性は、なかなか変えられないものです。働き方改革と学び方改革に取り組むことで、人生の方向性に大きな変化を与えることができたのは、工藤さんの存在があったゆえのことです。

最近タンポポを見る機会も減りました。子どもの頃、タンポポの綿毛を思い切ってフーっと吹くと、それは風に吹かれて遠くに飛んでいきました。でも、風が吹いていないとき、綿毛はすぐに落ちてしまう。風が吹いていない時は、淡々と生きればいいと思っています。でも、少しでも自分に風が吹いたら、新しい価値を創り出すためにガムシャラに努力する。そうした風が吹くことはあまりないのです。でも、改革に取り組んでいる時、私にはずーっと風が吹いていていました。

校長として最初に迎えた入学式で「学校改革を継承することは私の使命であり、命を使ってでも成し遂げる」と妙に格好いいことを言えたのは、私の人生の最後の仕事が学校を少しだけ変えられるかもしれない、その機会を与えられたのならば、それをひたむきに成し遂げようと決めたゆえのことだと思います。そして、こんな私を懸命に支えようとする同僚の先生方にも感謝しながら、これからの社会を担う子どもたちの未来への道標をもう少し見届けたいと思います。

教師にとっても親にとっても、大切な希望は子どもたちです。今の子どもたちは、確実に私たち大人よりも長く、そして重い課題を背負いながら、これからの社会を生き抜かなくてはなりません。

その長さと重さに子どもたちがつぶされないようにしてあげたい。子ども一人ひとりが自分の社会的な価値を見つけ、幸せを感じられるよう、多くの大人たちと一緒に子どもたちを支えられたらいいなあと思うのです。

【著者紹介】
本間朋弘（ほんま・ともひろ）

横浜創英中学・高等学校校長

早稲田大学教育学部卒業後、神奈川県の公立高校に29年間在職。最後の９年間は学力進学重点校で進学体制の構築に励むとともに、日本史の受験指導に邁進し、参考書を多数執筆。2012年に県職を退職し、学校法人堀井学園　横浜創英中学・高等学校に転身。学びを生徒の主体に移譲し、社会とつながる実学的な学びを重んじたカリキュラムを構築。学校が変われば社会も変わることを信じて、教育を本気で変える学校改革に取り組んでいる。さらに、働き方改革を「目的である学校改革を為すための手段にすぎない」と位置づけ、学校改革の前段としての組織的な働き方改革を推進。学校にとどまらず、自治体や民間の教育機関など、積極的に講演活動を行い、新しい学校像の共有に努めている。

働き方を変えて、学び方を変える
学校改革

2025年1月24日初版発行

著　者　本間朋弘
発行者　花野井道郎
発行所　株式会社時事通信出版局
発　売　株式会社時事通信社
〒104-8178　東京都中央区銀座5-15-8
電話03(5565)2155　https://bookpub.jiji.com

DTP　株式会社明昌堂
装　丁　長内研二(長内デザイン室)
印刷・製本　中央精版印刷株式会社
編　集　松澤美穂

ISBN978-4-7887-1997-2

＊本書のご感想をお寄せください。あて先は mbook@book.jiji.com